Werner Fuld
Lexikon der letzten Worte

Zu diesem Buch

Als Julius Caesar unter seinen Mördern einen vermeintlichen Freund entdeckt hatte, soll er erstaunt gefragt haben: »Auch du, Brutus?«, während Galileo Galilei vor seinem Tod triumphierend ausrief: »Und sie bewegt sich doch!« Den letzten Worten berühmter Menschen wird von jeher eine besondere Bedeutung beigemessen, doch der Tod hat seine eigenen Gesetze. So hätte man von einem Klassiker wie Goethe Erhabenes erhofft, doch seine letzten Worte lauteten nicht bedeutungsvoll »Mehr Licht«, sondern waren an seine Schwiegertochter gerichtet: »Frauenzimmerchen, gib mir dein Pfötchen!« Wenige Tage vor Marlene Dietrichs Tod konnte sich ein Priester Zutritt zu ihrer Wohnung verschaffen. Die schlagfertige Dietrich warf ihn hinaus: »Was soll ich mit Ihnen reden? Ich habe demnächst einen Termin bei Ihrem Boß!« Anhand amüsanter Anekdoten folgt Werner Fuld in seinem lesenswerten Lexikon den Lebensspuren berühmter Menschen: brillant, humorvoll und mit leichter Hand erzählt.

Werner Fuld, geboren 1947 in Heidelberg, lebt als Autor und Literaturkritiker in der Nähe von München. Er schrieb Biographien über Walter Benjamin und Wilhelm Raabe, gab die Schriften und Briefe Karl August Varnhagen von Enses heraus und veröffentlichte die Anekdoten »Als Kafka noch die Frauen liebte« und »Als Rilke noch die Polka tanzte«. Zuletzt erschienen von ihm »Das Lexikon der Fälschungen« und »Paganinis Fluch«.

Werner Fuld
Lexikon der letzten Worte

Letzte Botschaften berühmter Männer und Frauen
von Konrad Adenauer bis Emiliano Zapata

Ein Eichborn.
Lexikon

Piper München Zürich

Von Werner Fuld liegen in der Serie Piper vor:
Das Lexikon der Fälschungen (3011)
Lexikon der letzten Worte (3656)

Ungekürzte Taschenbuchausgabe
Piper Verlag GmbH, München
November 2002
© 2001 Eichborn AG, Frankfurt am Main
Umschlag/Bildredaktion: Büro Hamburg
Isabel Bünermann, Julia Martinez/
Charlotte Wippermann, Katharina Oesten
Umschlagabbildung: Robert Clyde Anderson
for Art Department, New York
Satz: Fuldaer Verlagsagentur, Fulda
Druck und Bindung: Clausen & Bosse, Leck
Printed in Germany   ISBN 3-492-23656-1

www.piper.de

Vorwort

»Man hätte gerne eine Sammlung der letzten Worte berühmter Männer.« Hinter diesem Wunsch des Dichters und Diplomaten Châteaubriand steht die Erwartung, daß ein bedeutender Mensch nicht ohne eine letzte Botschaft an die Nachwelt aus dem Leben scheidet, nicht ohne ein Abschiedswort, das sein Leben und Werk zusammenfaßt. Bereits Montaigne hatte den Plan zu einer solchen Sammlung, weil er vermutete, daß die Menschen im Augenblick des Todes die Wahrheit sagen – eine Lüge würde sie um die Gnade Gottes bringen. Deshalb gewinnen letzte Worte eine Autorität, die auf das gesamte Leben zurückwirkt: »Erst, da ich sterbe, spür ich, daß ich bin«, heißt es in Hofmannsthals »Der Tor und der Tod«. Der amerikanische Dichter Walt Whitman sah in den letzten Worten sogar die Krönung des Lebens und suchte jahrelang nach der für ihn geeigneten Äußerung, doch im entscheidenden Moment war sie ihm nicht gegenwärtig, und er starb mit dem Wort: »Scheiße!« Auch der amerikanische Schriftsteller Theodore Dreiser soll sich vorgenommen haben, sein irdisches Dasein mit dem Kollegengruß »Shakespeare, I come!« zu beschließen, rief dann aber auf deutsch: »Ein Helles!«

Der Tod hat seine eigenen Gesetze. »Wir können als Lebende«, meinte Montaigne, »kein unmittelbares Verhältnis zu ihm haben. Aber wir können ihn aus der Nähe betrachten und dabei Erfahrungen machen, die es uns ermöglichen, ihm mutiger ins Auge zu blicken und keine Furcht vor ihm zu empfinden.« Für den Philosophen Montaigne mag dies so sein, dem Normalsterblichen indes haben derartige Überlegungen noch nie geholfen, die Angst vor dem Sterben abzulegen. Was nutzt es, wenn Friedrich Schlegel den Tod nur einen »philosophischen Vorgang« nennt und sagt, das Sterben wäre nicht das Entschlafen, sondern vielmehr das Erwachen des Geistes? Das ist nichts weiter als eine Behauptung, und auf eine bloße Behauptung hin fröhlich sein Leben aufgeben zu sollen, ist eine herbe Zumutung.

Besonders die Religionen waren bemüht, ihrer Klientel das harte Leben mit der Aussicht auf eine prächtige Zukunft im Paradiese zu versüßen – der Reiseprospekt ist verlockend, doch die Buchung läßt man gerne bleiben, weil ein berechtigter Zweifel besteht, ob die Beschreibungen mit der Wirklichkeit übereinstimmen. Denn über das Grab sehen wir nicht hinaus, so niedrig dieser Hügel auch sein mag. Die Philosophen können sich noch so hoch auf ihre Fußspitzen stellen: Sie sehen nicht mehr als wir, und der Rest ist Glauben.

Um so wichtiger sind die letzten Worte, denn der Tod war zu allen Zeiten nicht nur der profane Augenblick, in dem die Organe ihren Dienst versagten, sondern vor allem der dramatische Übergang in eine andere, unbekannte Welt, und die Letzten Worte sind sozusagen auf der Schwelle gesprochen – schon fast von dort und noch zu uns. In den Anweisungen zum seligen Sterben, die es seit dem 16. Jahrhundert gibt, ist daher auch als Pflicht des Moribunden aufgeführt, die Welt nicht ohne zitatfähige letzte Worte zu verlassen. Oft wurden sie beim Sterbegottesdienst in der Kirche auf Fähnchen geschrieben und der Trauergemeinde mit auf den Weg gegeben. Erst mit dem Letzten Wort galt das Leben als vollendet, und von bedeutenden Menschen erwartete man bedeutende Worte. Als der mexikanische Revolutionär Pancho Villa 1923

Vorwort

bei einem Attentat tödlich verletzt wurde, bat er sterbend einen Journalisten, ihn nicht sprachlos enden zu lassen: »Schreiben Sie, daß ich etwas gesagt hätte!«

Nicht immer konnten diese hohen Erwartungen erfüllt werden. Authentisch, aber unbefriedigend ist Winston Churchills Satz: »Alles ist so langweilig.« Als gänzlich unangemessen empfand man Goethes letzte Bitte: »Gib mir dein liebes Pfötchen«, gerichtet an die neben ihm wachende Schwiegertochter. Also legte man dem Dichter des »Faust« die noch im Tode nach Erkenntnis rufenden Worte »Mehr Licht!« in den Mund.

Was an überlieferten letzten Worten echt oder gut erfunden ist, läßt sich heute oft nicht mehr unterscheiden. Es ist auch nicht wichtig. Die Nachwelt schafft sich im »Letzten Wort« ihre eigene Vorstellung, wie sie einen Menschen im Gedächtnis behalten will. Die ersten Anthologien solcher Worte entstanden rund hundert Jahre nach Montaignes unausgeführtem Vorsatz; sie beschränkten sich auf die Äußerungen von Verbrechern und christlichen Märtyrern. Erst in der zweiten Hälfte des 19. Jahrhunderts kamen umfassende Sammlungen in Mode, allerdings nicht in Deutschland, sondern im angelsächsischen Sprachraum. In England und Amerika gehörten öffentliche Hinrichtungen zum gesellschaftlichen Leben: Man besuchte sie, um die »Last Words«, die »Last Speech« zu hören. Wo im Nationalcharakter die rhetorische Begabung fehlt, wurde sie durch eine bürokratische ersetzt: Statt letzter Sätze gibt es im Deutschen mehr Verfügungen zur ordnungsgemäßen Bestattung.

Welche Bedeutung dem letzten Wort beigemessen wurde, zeigt noch Orson Welles' Film »Citizen Kane«: Das rätselhafte »Rosebud« löst die Recherchen über Kanes Leben aus, denn:

Vorwort

»Maybe he told us all about himself on his deathbed.« Um nicht in die peinliche Situation zu geraten, sich ohne ein passendes letztes Wort verabschieden zu müssen, sollte man sich beizeiten darüber Gedanken machen. »Der Tod erhellt das Leben«, schreibt Octavio Paz – »Sage mir, wie du stirbst, und ich sage dir, wer du warst.«

A von Abélard bis Austen

Das Liebesverhältnis des französischen Geistlichen **Abélard** (†1142) mit Héloise ist ebenso historisch verbürgt wie beider trauriges Schicksal: Ihr Onkel ließ den Priester entmannen, und Héloise mußte zur Strafe ins Kloster. Jener berühmte Briefwechsel, den beide geführt haben sollen, ist eine spätere, allerdings gut verkäufliche Fälschung. Auf die inquisitorische Frage, ob er seine Irrtümer einsehe, antwortete der wegen seines allzu rationalistischen Denkens verurteilte Abélard auf dem Sterbebett: »Ich weiß es nicht.«

Der amerikanische Historiker **Henry Adams** (†1918) entwickelte in seinen Schriften, ganz im Gegensatz zum herrschenden Fortschrittsglauben, ein zutiefst pessimistisches Weltbild, das auch auf eigener Lebenserfahrung beruhte. Dennoch verließ ihn bis zuletzt sein Humor nicht. Als ihn seine Sekretärin fragte, ob er noch einen Wunsch habe, antwortete er: »Meine Liebe, halten Sie mich am Leben!«

Der amerikanische Präsident **John Adams** (†1826) wurde 1796 George Washingtons Nachfolger. Er war Mitautor der Unabhängigkeitserklärung und Verfasser der Gesetzgebung von Massachusetts. Sein Nachfolger wurde der vier Jahre ältere Thomas Jefferson, der, obwohl er vier Jahre älter war, Adams überlebte. Adams fand das wohl ungehörig, wie seinem letzten Nörgeln zu entnehmen war: »Jefferson lebt immer noch.«

Die amerikanische Vorkämpferin gegen den Alkoholgenuß, **Jane Addams** (†1935), erlitt auf einer Veranstaltung einen vermeintlichen kleinen Schwächeanfall. Ein Helfer eilte hinzu und bot ihr zur Stärkung aus seinem Flachmann einen Gin an. Sie hauchte: »Nur Wasser für mich!«

Der britische Schriftsteller **Joseph Addison** (†1719), berühmt als Gründer des »Spectator Magazine«: »Da seht ihr, wie friedlich man als Christ sterben kann.«

Der erste deutsche Bundeskanzler **Konrad Adenauer** (†1967) starb mit einundneunzig Jahren. Seine Politik einer strikten westlichen Orientierung war heftig umstritten, legte jedoch den Grundstein für den wirtschaftlichen Erfolg der Bundesrepublik. Am Ende seines Lebens konnte er mit dem Erreichten zufrieden sein. Er starb mit den Worten: »Kein Grund zum Weinen.«

Das Martyrium der heiligen **Agatha** (†251) ist in der bildenden Kunst deswegen so häufig dargestellt worden, weil es besonders schrecklich war: Ihre Peiniger schnitten ihr die Brüste ab. Der adligen Jungfrau stellte vergeblich der römische Landesherr Quintianus nach; aus Wut über ihre Standhaftigkeit ließ er sie foltern und verlangte ebenso vergeblich, sie sollte dem Christentum abschwören. Sie aber war bereit, für ihren Glauben und für ihre Ehre zu sterben. Den Folterer beschämte sie mit den Worten: »Schämst du dich nicht, den Teil meines Körpers zu quälen, an dem du selbst bei deiner Mutter gesogen hast?«

Die gebürtige Kölnerin **Agrippina** (†59) verführte ihren Onkel, den römischen Kaiser Claudius, vermählte sich mit ihm in dritter Ehe und vergiftete ihn dann, um ihren Sohn Nero aus der ersten Ehe zum Kaiser ausrufen zu lassen. Des Sohnes Dankbarkeit hielt sich jedoch in Grenzen: Am Ziel seiner Wünsche angekommen fand er die ständige Einflußnahme Agrippinas sehr bald lästig und versuchte, sie mit einem präparierten Boot untergehen zu lassen. Als dieses mißlang, schickte er Soldaten, die sie in ihrem Haus ermordeten. Agrippina ahnte wohl, wer der Auftraggeber war, denn ihren Mördern rief sie entgegen: »Erschlagt meine Gebärmutter!«

Der von dem Philosophen Aristoteles erzogene König von Makedonien, **Alexander der Große** (†323 v. Chr.), hinterließ in seinem kurzen Leben mehr Verwüstungen als jeder andere Feldherr der Geschichte. Sein auf Gewalt und Unterdrückung errichtetes Reich, das er sich auf jahrelangen Kriegszügen zusammengeplündert hatte, zerfiel mit seinem Tod. Alexander starb mit zweiunddreißig Jahren an einem Sumpffieber. Man fragte ihn, wer die Herrschaft seines Reiches übernehmen sollte, und er sagte: »Der Beste«.

Der italienische Dichter **Vittorio Alfieri** (†1803): »Halte meine Hand, lieber Freund, ich sterbe jetzt.«

Den amerikanischen General der Revolutionsarmee, **Ethan Allen** (†1789), versuchte ein Geistlicher möglichst schonend über sein nahes Ende aufzuklären: »Ich fürchte, die Engel warten schon auf Sie.« Allen entgegnete wütend, aber erfolglos: »So, sie warten? Dann lassen wir sie warten!«

Der Viscount **Amberley** (†1931), der Vater des Philosophen Bertrand Russell: »Es ist alles getan. Lebt wohl, meine Lieben, für immer.«

Der einstige Chef der »Murder Incorporated«, **Albert Anastasia** (†1957), wurde in einem Friseursalon erschossen. Er hatte sich eben hingesetzt und gesagt: »Haare schneiden!«

Der griechische Philosoph **Anaxagoras** (†428 v. Chr.) antwortete auf die Frage, wie man seiner am besten gedenken sollte: »Gebt den Schülern einen freien Tag.«

Nichts fürchtete der italienische Schriftsteller **Gabriele d'Annunzio** (†1938) so sehr wie die Langeweile, und nichts liebte er mehr als Sensationen, für die er im Bedarfsfall selbst sorgte. Um seinen ersten Gedichtband (»Primo vere«, 1879) ins Gespräch zu bringen, lancierte der frühreife Dichter mit sechzehn Jahren die Falschmeldung seines Todes in der Presse. Er liebte die grellen Effekte nicht nur in seinen morbiden Dichtungen. Als Anführer einer Gruppe von Freischärlern »befreite« er 1919 das damals zu Ungarn gehörende Fiume und ließ sich vom König zum »Fürsten von Montenevoso« erheben. Wovor er im Leben stets geflohen war, das holte ihn im Tode ein: »Ich langweile mich.«

Der heilige **Anselm** (†1109) war fünfzehn Jahre lang Prior und danach ebensolange Abt des französischen Klosters Bec. Mit sechzig Jahren wurde er gegen seinen Willen zum Erzbischof von Canterbury gemacht: Gewaltsam legte man seine Hand um den Bischofsstab und trug den sich heftig Wehrenden unter lautem Absingen des Tedeums in die Kirche. Nun mußte er sich, was ihm als Philosophen zutiefst zuwider war, mit den Normannenkönigen um die Rechte der Kirche streiten, wurde mehrfach verbannt, aber vom Papst immer wieder nach Canterbury zurückgeschickt, wo er auch begraben liegt.

Sein Tod unterbrach ihn beim Nachdenken über ein theologisches Problem, und das nahm er Gott durchaus übel: »Na gut, wenn Er es so will, dann werde ich gehorchen. Aber würde Er mich noch ein kleines bißchen länger hierlassen, bis ich noch ein Problem über den Ursprung der Seele gelöst habe, dann würde ich das gerne hinnehmen, weil ich nicht weiß, wer es sonst machen könnte, wenn ich nicht mehr da bin. Und wenn ich etwas essen könnte, dann würde ich auch wieder kräftiger werden.«

Der New Yorker Polizistenmörder **George Appel** (†1928) wurde auf den elektrischen Stuhl geschnallt und sagte zu den Beobachtern hinter der Scheibe: »Jetzt bekommt ihr gleich einen Brat-Appel zu sehen.«

Sogar nach heutigen Maßstäben war der italienische Schriftsteller **Pietro Aretino** (†1556) einer der skrupellosesten Vertreter dieser Branche. Er stammte aus ärmsten Verhältnissen und entwickelte rasch einen scharfen Blick für die Schwächen seiner Zeitgenossen. Seine satirisch-pornographischen Streitgedichte machten ihn reich und berühmt. Zusammen mit seinem Ghostwriter Niccolò Franco verfaßte er für wechselnde Gelegenheiten alle Arten von gut verkäuflichen Werken: pure Pornographie ebenso wie klerikale Erbauungsschriften und gut bezahlte Huldigungsgedichte. Als er von dem Papst Julius III. die Kardinalswürde erbat, soll dieser lachend abgelehnt haben, worauf sich Aretino beleidigt nach

Venedig zurückzog, um unbehelligt gegen den Papst schreiben zu können. Seine scharfe Zunge verließ ihn auch auf dem Sterbebett nicht. Nachdem er die Letzte Ölung erhalten hatte, sagte er: »Haltet mir bloß die Ratten vom Leib – jetzt, wo ich überall eingeschmiert bin.«

Die englische Schriftstellerin **Jane Austen** (†1817) war stets höflich und zuvorkommend. Die ausgezeichnete Erziehung durch ihren Vater, einen Pfarrer, ermöglichte ihr eine gewisse kluge Distanz zu den Alltagsproblemen ihrer Zeitgenossen, die auch in ihren Romanen ausgespart bleiben: Tragödien gibt es bei ihr nicht. Ob die heutigen Leser überhaupt noch bemerken, daß sie ihre Romane als Parodien auf herrschende Moden und Gefühle verstand, ist fraglich. Sie starb an Tuberkulose; auf die Frage des Dienstmädchens, ob sie etwas wünsche, antwortete sie freundlich: »Nichts als den Tod.«

B *von Baba bis Byron*

Die letzten Worte des indischen Guru **Meher Baba** (†1969) sind nicht nur deshalb bemerkenswert, weil sie überall auf der Welt bekannt sind, obwohl die wenigsten ihren Urheber kennen, sondern sie sind vor allem deswegen unvergleichlich, weil sie 44 Jahre vor dem tatsächlichen Tod des Guru gesprochen wurden. Bereits im Jahr 1925 hatte er seinen Jüngern das Geheimnis des Lebens enthüllt und schwieg seither. Es lautet: »Don't worry, be happy!«

In die Geschichte der Philosophie ist **Francis Bacon** (†1626) eingegangen als entschiedener Gegner überlieferter Vorurteile und Vertreter der reinen Empirie. Schon früh handelte er nach diesen Grundsätzen: Durch die Hilfe seines Freundes, des Grafen Essex, gelang ihm als Rechtsanwalt ein rascher Aufstieg am englischen Hof; als Essex in Ungnade fiel, verfaßte Bacon die Anklage gegen ihn. Später saß er kurze Zeit selbst im Tower, weil er als oberster Richter Geschenke angenommen hatte. Nach seiner Begnadigung widmete er sich den Wissenschaften. Er starb an einer Erkältung, die er sich bei einem Experiment mit Schnee zugezogen hatte. Seine letzten Worte klingen bescheidener, als er es je gewesen ist: »Ich überlasse es anderen Nationen und dem nächsten Jahrhundert, ob man meiner noch gedenkt.«

Mit seinem grandiosen Romanzyklus »Die menschliche Komödie« schuf **Honoré de Balzac** (†1850) ein Panorama der Niedertracht und der Eitelkeit einer ganzen Epoche, ein komplettes Inventar der Sitten in der Hauptstadt des 19. Jahrhunderts. Wenn er von Tugend oder selbstloser Liebe schreibt, wirkt es oft phrasenhaft, weil ihn beides langweilte; nur das Laster beherrschte er meisterlich. Deswegen gibt es bei ihm auch nur wenige wirklich freundliche Charaktere wie den Doktor Bianchon, der ohne Ansehen des Portemonnaies seine Kranken heilt. Balzac arbeitete wie ein Berserker an seiner Welt: Er ging früh zu Bett, ließ sich um ein Uhr morgens wecken, schrieb bis um acht, schlief eine Stunde und schrieb dann weiter bis zum frühen Abend, wachgehalten von fünfzig Tassen Kaffee am Tag. Diese Arbeitsweise ruinierte seine Gesundheit: Schon 1847, er war noch keine fünfzig Jahre alt, konnte er kaum noch gehen, ohne einen Herzanfall zu bekommen. Im März 1850 heiratete er in der Ukraine die Gräfin Hanska, auf die er sechzehn Jahre lang gewartet hatte. Die Rückreise nach Paris überlebte er kaum, zu Hause stand er vom Krankenbett nicht mehr auf. Balzacs Kräfte waren verbraucht. Als die Ärzte ihn aufgaben, rief er nach seiner Romanfigur: »Holt Doktor Bianchon, er wird mich retten!«

Der amerikanische Gangster **Dion O'Banion** (†1923) betrieb zur Tarnung einen Blumenladen und verdiente nicht schlecht an den Begräbnissen seiner Kollegen. Eines Tages arbeitete er gerade am Grabschmuck für einen gefallenen Kameraden, der sein eigener werden sollte, als die Killer den Laden betraten. Er fragte sie sorglos: »Hallo, kommt ihr wegen Mike?«

Ihr Vater habe sie vor Männern und Alkohol gewarnt, erklärte **Tallulah Bankhead** (†1968), aber von Kokain und Frauen habe er nichts gesagt. Die Hollywood-Diva aus bester Südstaatenfamilie war ebenso berüchtigt für ihre scharfzüngigen Witze wie für ihr schrankenloses Liebesleben. Als sie ihren Ex-Lover Douglas Fairbanks Jr. mit seiner neuen Frau Joan Crawford traf, sagte sie zu Joan: »Schätzchen, ich hatte eine Affäre mit deinem Mann, und die nächste werde ich mit dir haben.« »Die Sache mit Tallulah war«, sinnierte Alfred Hitchcock später, »daß sie keine Hemmungen hatte.« Die Dietrich nannte sie voller Bewunderung »die unmoralischste Frau, die je gelebt hat«. Noch heute ist sie, nicht nur für Lesben, eine Kultfigur. Sie starb zerrüttet von Alkohol, Zigaretten, Barbituraten und Aufputschmitteln im Alter von 65 Jahren. Ihre letzten Worte galten den Grundnahrungsmitteln: »Kodein! Bourbon!«

Der amerikanische Zirkusgründer **Phineas Barnum** (†1891) hatte sich vom Jahrmarktschausteller, der seinem Publikum mit falschen Sensationen das Geld aus den Taschen lockte, zum artistischen Großunternehmer hochgearbeitet. Seinem Betrieb galt seine letzte Frage: »Wie waren die Einnahmen heute abend im Madison Square Garden?«

Die englische Lyrikerin **Elizabeth Barrett** (†1861) lebte, nach einem Reitunfall halb gelähmt und nach dem Tod ihres Lieblingsbruders der Melancholie verfallen, im Haus ihres despotischen Vaters, bis der berühmte Dichter Robert Browning zu Besuch kam, sie entführte und heiratete. Ihr bekanntestes Werk, »Die Sonette aus dem Portugiesischen«, spiegeln die Geschichte ihrer Liebe. Das Paar lebte vorzugsweise in Florenz, wo Elizabeth auch starb. Auf die besorgte Frage ihres Mannes, wie sie sich fühle, antwortete sie: »Wunderbar.« Ihr Gatte (†1889) erhielt zuletzt die Nachricht, daß sein Gedichtband »Asolando« ein Erfolg sei, und sagte: »Wie erfreulich.«

Noch auf dem Sterbebett gab der amerikanische Filmstar **John Barrymore** (†1942) ein letztes Interview. Sein beiläufiger Sarkasmus war in Hollywood beliebt und gefürchtet; seine letzte Rolle als ständig betrunkener Schauspieler in »Playmates« (1942) war auch die Rolle seines Lebens. Der Reporter wollte von ihm wissen, ob er glaube, sterben zu müssen: »Sterben? Ich würde sagen nein, mein Lieber. Kein Barrymore würde erlauben, daß ihm so etwas Gewöhnliches passiert.«

Obwohl der Schauspieler **Lionel Barrymore** (†1954), der seinen jüngeren Bruder John um zwölf Jahre überlebte, seit 1938 an den Rollstuhl gefesselt war, konnte er seine beeindruckende Karriere unbehindert fortsetzen. Zuletzt spielte er an der Seite von Humphrey Bogart in John Hustons Gangsterfilm »Key Largo« (1948). Als er gefragt wurde, welche Inschrift er auf seinem Grabstein wünsche, antwortete er: »Er hat alles gespielt – ausgenommen die Harfe.«

Der französische Außenminister **Jean Louis Barthou** (†1934) begleitete seinen Gast, König Alexander I. von Jugoslawien, bei einem Staatsbesuch in Marseille, als beide von einem faschistischen Attentäter niedergeschossen und tödlich verwundet wurden. Barthou schien nicht verstanden zu haben, wie ernst es um ihn stand: »Ich kann nicht sehen, was passiert ist. Meine Brille, wo ist meine Brille?«

Als Malerin ist die Russin **Marie Bashkirtseff** (†1884) heute vergessen, aber in ihren Tagebüchern überlebt sie als Schriftstellerin. Mit zwölf Jahren kam sie nach Frankreich, wo sie sofort als Wunderkind gefeiert wurde. Ihre Bilder von Pariser Straßenkindern fanden zahlreiche Nachahmer. Leider erkrankte sie früh an Tuberkulose und starb mit vierundzwanzig Jahren. Auf ihrem Sterbelager beobachtete sie, wie die Kerze neben ihrem Bett verlosch, und sagte: »Wir sollten gemeinsam ausgehen.«

Der englische Zeichner **Aubrey Beardsley** (†1898) konvertierte am Ende seines kurzen Lebens zum Katholizismus. Pflichtgemäß bereute er all die schönen Dinge, für die er berühmt geworden war – vor allem natürlich die ironisch-lasziven Illustrationen zu Oscar Wildes »Salome« oder zu »Lysistrata«. Einen Freund bat er zum Glück vergebens: »Ich flehe dich an, alle diese unanständigen Texte und Zeichnungen zu verbrennen.«

Der Bischof von Winchester, **Henry Beaufort** (†1447), war ein eminent einflußreicher Staatsmann, der durch sein diplomatisches Raffinement es dreimal zum Staatskanzler von England brachte. Als Gesandter auf dem Konstanzer Konzil betrieb er die Wahl Martins V., von dem er zum Dank die Kardinalswürde erhielt. Beaufort gehörte zu den Richtern, die Johanna von Orléans zum Tode verurteilten. Während seiner Abwesenheit betrieb der Herzog von Gloucester vergebens seinen Sturz. In seinen letzten Momenten verhielt er sich wie ein eitler Politiker: »Ich muß sterben? Können mich all meine Reichtümer retten? Ich könnte das ganze Königreich anbieten, um mein Leben zu retten. Was, man kann den Tod nicht bestechen?« Und dann, in seiner letzten Sekunde, erschien ihm offenbar ein düsteres Bild vor Augen, vielleicht sein Feind Gloucester oder Johanna, und er wehrte es ab: »Weg! Weg! Warum siehst du mich so an? Ich bitte dich, bete für mich ...«

Der Roman »Onkel Toms Hütte« von **Harriet Beecher-Stowe** (†1896) war weltweit ein überwältigender Erfolg und ein wichtiger Markstein auf dem Weg zur Sklavenbefreiung nicht nur in Amerika, in dessen Südstaaten um 1860 rund vier Millionen Schwarze als Sklaven gehalten wurden. Die Autorin hatte achtzehn Jahre lang in Cincinnati am Ohio gelebt; der Fluß bildete die Grenze zwischen dem Sklavenhalterstaat Kentucky und dem sklavenfreien Ohio. Häufig hatte sie Übergriffe auf das Negerviertel erlebt. Den äußeren Anlaß für den Roman bildete das Auslieferungsgesetz von 1850, das die Bürger der sklavenfreien Staaten verpflichtete, die Sklavenhalter bei der Verfolgung entflohener Schwarzer zu unterstützen. Harriet Beecher-Stowe starb mit 85 Jahren als berühmte und hochgeehrte Vorkämpferin der Sklavenbefreiung. Ihren letzten Satz auf dem Sterbelager konnte man symbolisch deuten: »Ich hatte einen schönen Traum.«

Als Rheinländer liebte der Komponist **Ludwig van Beethoven** (†1827) besonders die Rüdesheimer Weine. Mehrfach hatte er seine Verleger, die Brüder Schott in Mainz, um eine Sendung dieser Weine nach Wien gebeten, doch als er endlich die begehrten Flaschen erhielt, war er schon nicht mehr in der Lage, das Glas selbst zu halten. Ein Freund versuchte, ihm die Flüssigkeit mit einem Löffel einzuflößen, wobei das meiste daneben ging. Resigniert flüsterte Beethoven: »Schade, mein Gott, ist das schade.«

Der Ire **Brendan Behan** (†1964), ein berühmter Dramatiker und berüchtigter Säufer, wurde im Hospital von einer katholischen Nonne zu Tode gepflegt. Er war gerührt von ihrer selbstlosen Hingabe und deshalb galt ihr sein letzter Wunsch: »Mögen alle deine Söhne Bischöfe werden.«

Der Schotte **Alexander Graham Bell** (†1922) entwickelte 1876 ein Telefon, wie es im Prinzip noch heute funktioniert. Fälschlicherweise gilt er deshalb als der Erfinder des Fernsprechers, obwohl der deutsche Physiker Johann Philipp Reis ein solches Gerät schon 1861 öffentlich vorgeführt hatte. Bell starb mit der Einsicht: »So wenig getan, so viel zu tun.«

Sir Charles Bell (†1842), der britische Anatom und Entdecker der Nervenfunktionen, zu seiner Frau: »Nimm mich in die Arme.«

Der englische Mörder **John Bell** (†1831) war vierzehn Jahre alt, als er gehängt wurde. Nach der Exekution wurde das Alter für hinrichtungsfähige Kandidaten auf 16 Jahre heraufgesetzt. Zu Bells letztem Auftritt kamen fünftausend Leute, und er wandte sich an die Menge: »Ihr alle, laßt euch das eine Warnung sein.«

Der britische Romancier **Arnold Bennett** (†1931) war rund dreißig Jahre lang der am meisten gelesene Autor auf der Insel und ist heute nahezu vergessen, weil seine Roman allzu zeitbedingt waren. Ihn hätte es nicht gestört, als Kolportageautor bezeichnet zu werden, denn er wußte, daß er Ware zum raschen Verbrauch lieferte – allerdings sind seine Bücher von einer Qualität, um die ihn heute jeder deutsche Autor, der gleiches anstrebt, beneiden darf. Als man ihm sein nahes Ende ankündigte, scherzte Bennett: »Irgendwie geht alles schief.«

Jeremy Bentham (†1832), der britische Theoretiker des Nützlichkeitsgedankens, blieb bis zuletzt konsequent: »Ich merke jetzt, daß ich sterbe. Wir wollen das Leid so minimal als möglich halten. Laßt die Diener nicht herein und haltet die Kinder draußen. Es wird für sie zu anstrengend sein und sie können nicht helfen.«

Seinen Nachruhm verdankt Napoleon nicht den Historikern, sondern dem Volksdichter **Pierre-Jean de Béranger** (†1857), der ihn in seinen Liedern verherrlichte. Zweimal saß Béranger deswegen im Gefängnis, doch gerade diese Haftstrafen machten seine Gedichte populär, so daß er es als Sohn eines armen Handwerkers bis zum Abgeordneten brachte, der schließlich als Nationaldichter ein Staatsbegräbnis erhielt. Auf seinem Sterbebett scherzte er noch mit dem Priester: »Also heute wird mir der Herr Jesus Christus erscheinen. Hoffentlich zu meiner Ehre und nicht zu meiner Verdammnis, wie die anderen hoffen.«

Der österreichische Komponist **Alban Berg** (†1935) entwickelte sehr früh einen auf der Zwölftonmusik seines Lehrers Arnold Schönberg beruhenden eigenen Kompositionsstil und wurde mit seiner Oper »Wozzeck« weltberühmt. Auf dem Höhepunkt seines Schaffens erkrankte er. Der Arzt riet ihm, über Weihnachten etwas auszuruhen, und Berg antwortete: »Aber ich habe so wenig Zeit!«

Dem französischen Komponisten **Hector Berlioz** (†1869) fiel in letzter Sekunde noch ein: »Tausend Grüße an Balakirev!«

Zusammen mit dreißig Gleichgesinnten trat der Franzose **Bernhard von Clairvaux** (†1153) im Alter von dreiundzwanzig Jahren in das Kloster Cîteaux ein und wirkte durch seine Beredsamkeit derart überzeugend, daß man ihn schon zwei Jahre später zum Abt des neugestifteten Klosters Clairvaux wählte. Der Zisterziensermönch war ein skrupelloser Machtpolitiker, der mit rücksichtsloser Strenge gegen konkurrierende Geistliche vorging: Er bewirkte die Verdammung Abélards ebenso wie die des Bischofs von Poitiers, ließ aber gnadenlos auch kleinere Sektierergruppen verfolgen. Im Sinne der Kirche galt er als einer der bedeutendsten Kleriker seiner Zeit, auch wenn der von ihm befohlene zweite Kreuzzug scheiterte. Zu seinen Mönchen, die sein Sterbelager umstanden, sagte er: »Ich weiß nicht, wem ich folgen soll – der Liebe zu euch, die ihr mich drängt, hierzubleiben, oder der Liebe zu Gott, die mich zu ihm ruft.«

Der pakistanische Präsident **Zulfikar Ali Bhutto** (†1979) endete am Galgen. Obwohl er in alle erdenkliche Intrigen verwickelt war, überlieferte er der Nachwelt ein Bild, das mit seinem politischen Wirken nur virtuell übereinstimmte: »In all diesen Jahren war ich ein revolutionärer Poet, und das werde ich bleiben bis zu meinem letzten Atemzug.«

Der französische Komponist **Georges Bizet** (†1875) starb einen Monat nach seinem vollständigen Debakel mit der Oper »Carmen« in Paris, die erst durch die Wiener Aufführung vier Monate nach seinem Tod zu einem überwältigenden Erfolg wurde. Bizet wußte, daß er starb: »Der kalte Schweiß. Das ist der Schweiß des Todes.«

Der englische Dichter **William Blake** (†1827) sang, und seine Frau fragte ihn, von wem die Lieder seien. Seine Antwort: »Sie sind nicht von mir, meine Liebe, nein, sie sind nicht von mir.«

Der österreichische Schriftsteller und Kritiker **Franz Blei** (†1942) hatte sich durch seine satirischen Autorenporträts (»Das große Bestiarium modernen der Literatur«, 1920) nachhaltig unbeliebt gemacht, besonders bei jenen drittklassigen Schriftstellern, die dank ihrer wandlungsfähigen politischen Gesinnung nach 1933 Karriere machten. Seine Flucht vor Hitler beendete er, nach Jahren völliger Mittellosigkeit, in einem Krankenhaus in der Nähe von New York mit dem Satz: »Ich nehme alles zurück.«

Der preußische General **Gebhard von Blücher** (†1819) war ein ungebildeter Soldat, der von seinem Gegner Napoleon stets »der besoffene Husar« genannt wurde – allerdings pflegte er Gott zu danken, wenn er besonders viele Feinde umgebracht hatte. Blüchers einzige Taktik war der Angriff mit dem Säbel in der Hand, weshalb man ihm stets die Strategen Scharnhorst und Gneisenau zur Seite stellte. Er wurde zum Helden des Befreiungskriegs; unzählige patriotische Gesänge sind auf den »General Vorwärts« gedichtet worden. Im Frieden zog der Siebenundsiebzigjährige sich auf sein schlesisches Landgut zurück und verfiel rasch. Sein alter Kriegskamerad Nostitz war bei ihm, als er starb. Blücher blieb auch in diesem Augenblick der preußische Vorgesetzte: »Sie haben im Krieg manches von mir gelernt; jetzt sollen Sie auch noch lernen, wie man im Frieden stirbt.«

Der belgische **Comte Hippolite de Bocarme** (†1851) mußte sich der Unbequemlichkeit einer Hinrichtung am eigenen Leib unterziehen, weil er unglücklicherweise eines Mordes überführt worden war. Angesichts der Guillotine meinte er höflich: »Ich hoffe, das Blatt ist scharf.«

Der lispelnde Kleiderbügel, wie der Schauspieler **Humphrey Bogart** (†1957) von Kritikern genannt wurde, war berüchtigt für seinen Alkoholkonsum. Überliefert sind seine letzten Worte: »Ich hätte nicht vom Scotch zu den Martinis wechseln sollen.«

Der deutsche Mystiker **Jakob Böhme** (†1624) war der Sohn eines armen Bauern. Durch autodidaktisches Studium theologischer und naturphilosophischer Schriften entwickelte er eine eigene Anschauung über das Wirken Gottes und die Geschehnisse in der Bibel. Von der offiziellen Kirche verfolgt, verschlüsselte er seine Erkenntnisse in einer bilderreichen, oft rätselhaften Sprache, die bis heute nichts von ihrem eigenartigen Reiz verloren hat. Er starb nach langer Krankheit: »Hört ihr die Musik? Dorthin gehe ich jetzt.«

Am Tag nach der Hinrichtung seiner zweiten Frau **Anne Boleyn** (†1536) verlobte sich Heinrich VIII. von England mit Jane Seymour. Vermutlich war also die Anklage wegen Ehebruchs und Hochverrats nur ein Vorwand gewesen; über das Verfahren und die Beweisführung gibt es keine Aufzeichnungen. Anne wurde standesgemäß enthauptet. Auf dem Schafott beruhigte sie höflich den Scharfrichter: »Sie werden wenig Mühe haben, mein Hals ist sehr dünn.«

Als junger Mann bereiste der in Caracas geborene **Simón Bolîvar** (†1830) die Vereinigten Staaten und faßte den Entschluß, nach dem Vorbild George Washingtons seine Heimat von der spanischen Herrschaft zu befreien. Zwanzig Jahre lang kämpfte er mit diplomatischen und kriegerischen Mitteln für dieses Ziel, wurde mit diktatorischen Vollmachten Präsident von Venezuela, Kolumbien und Ecuador. Als er dem nach ihm benannten Staat Bolivien eine antidemokratische Verfassung oktroyierte, kam es zu einem Aufstand gegen ihn und er mußte seine Ämter niederlegen. Bevor er einen letzten Versuch unternehmen konnte, die befreiten Länder zu vereinigen, starb er mit dem Satz: »Christus, Don Quichotte und ich – das sind die drei größten Dummköpfe, die es gegeben hat.«

Der sehr vergängliche Ruhm des deutschen Schriftstellers **Heinrich Böll** (†1985) beruhte vor allem auf der Höflichkeit, mit der er in seinen Romanen Kritik übte an der katholischen Kirche oder am Wohlstandsdenken der bundesdeutschen Nachkriegsgesellschaft. Von seiner Art Kritik mußte sich niemand getroffen fühlen. Böll war der sprichwörtliche gute Mensch von Langenbroich. Als er wußte, daß seine Stunde gekommen war, äußerte er einen letzten Wunsch: Er bat die Krankenschwester um eine Zigarette. Sie lehnte brüsk ab. Daraufhin wurde Böll so energisch, daß die Schwester ihm eine Zigarette besorgte. Böll war glücklich und über sich selbst verwundert: »Wie autoritär man wird, wenn man keine Zeit mehr hat, höflich zu sein.«

Die älteste Schwester des französischen Kaisers, **Elisa Bonaparte** (†1820), starb als Großherzogin der Toskana im Alter von dreiundvierzig Jahren. Sie war offenbar eine sehr realistische Frau, denn als der Arzt zu ihr sagte, nichts im Leben sei so unausweichlich wie der Tod, entgegnete sie: »Außer den Steuern.«

Die Heirat mit Joséphine de Beauharnais sicherte dem Korsen **Napoleon Bonaparte** (†1821) jenen gesellschaftlichen Aufstieg, den er allein mit seiner militärischen Karriere vom einfachen Leutnant der Artillerie zum Befehlshaber der Italien-Armee nicht geschafft hätte. Napoleon ließ sich von Joséphine 1809 scheiden, da die Ehe kinderlos geblieben war. Sie lebte seitdem im Schloß Malmaison bei Paris, er heiratete 1810 aus diplomatischen Gründen die Tochter des österreichischen Kaisers, die ihm den ersehnten Sohn gebar. Gleichwohl starb Joséphine mit dem Namen »Napoleon« auf den Lippen, und der entthronte Kaiser soll auf der Insel St. Helena sein Leben beschlossen haben mit dem Seufzer: »Joséphine ...«

Napoleons Lieblingsschwester **Pauline Bonaparte** (†1825) wurde mit zweiundzwanzig Jahren Witwe und heiratete in zweiter Ehe einen Fürsten Borghese, der sich nach zwölf Jahren von ihr trennte. Pauline starb mit dem trotzig selbstbewußten Satz: »Ich war immer schön.«

Es gibt wohl nur wenige Verbrechen, die **Cesare Borgia** (†1507) nicht angelastet worden sind, und die meisten davon hat er tatsächlich begangen. Die von seinem Vater, dem Papst Alexander VI., angestachelte Machtgier ließ ihn auch vor heimtückischen Morden nicht zurückschrecken. Man sagt, der Vater sei an einer vergifteten Speise gestorben, die der Sohn eigentlich einem Gast zugedacht hatte. Mit der Einsetzung des neuen Papstes Julius II. endete die Macht der Borgias. Cesare fiel im Dienst seines Schwagers bei der Belagerung des Schlosses von Viani. Sein letzter Satz bezieht sich darauf, daß er die Sterbesakramente nicht erhalten habe: »Ich sterbe völlig unvorbereitet.«

So leidenschaftlich und kühn wie **Ludwig Börne** (†1837) hat niemand gegen die deutsche Misere im 19. Jahrhundert angeschrieben. Wo Heinrich Heine mit dem Florett stichelte, schlug Börne mit dem Säbel, ohne an Eleganz zu verlieren. Das Verbot seiner stilistisch meisterhaften »Briefe aus Paris« machte ihn zum populärsten politischen Journalisten seiner Zeit. Er starb an der Schwindsucht. Als der Arzt ihn fragte, welchen Geschmack er habe, antwortete er: »Gar keinen – wie die deutsche Literatur.«

Der französische Grammatiker **Dominique Bouhours** (†1702) beantwortete eine letzte, praxisnahe Frage seiner Schüler: »Ich bin dabei zu sterben, oder: Ich sterbe gerade – beide Wendungen sind gebräuchlich.«

Obwohl der dänische Astronom **Tycho Brahe** (†1601) über die besten Instrumente seiner Zeit verfügte und die Planetenbewegungen mit einer vorher nie erreichten Genauigkeit beobachten konnte, stellte er im Widerspruch zu Kopernikus ein eigenes System auf, bei dem die Erde den Mittelpunkt der Welt bildete. Nach seiner Ansicht wurde die Erde von Sonne und Mond umkreist, die wiederum von den fünf Planeten umlaufen werden sollten. Sein Freund Kepler, der mit ihm in Prag zusammenarbeitete, war ein Anhänger der Lehren des Kopernikus. Als ob Brahe geahnt hätte, daß sein Weltbild keinen Bestand haben würde, beschwor er auf dem Sterbebett den Freund: »Laß mein Leben nicht vergeblich gewesen sein.«

Der Komponist **Johannes Brahms** (†1897) nahm noch ein Glas Wein: »O, das schmeckt gut. Danke.«

Der Genuß der Tafelfreuden verband **Josephte Brillat-Savarin** (†1855) mit ihrem Bruder Jean Anthelme, dem Autor des bahnbrechenden Werks »Die Physiologie des Geschmacks«. Die achtundneunzigjährige Dame beendete gerade ihr Diner im Bett, als ihr schwindlig wurde. Sie klingelte nach dem Personal und konnte gerade noch rufen: »Es geht zu Ende – rasch das Dessert!«

Die englische Schriftstellerin **Anne Brontë** (†1849) zu ihrer älteren Schwester: »Sei tapfer, Charlotte, sei tapfer!«

Nach dem frühen Tod der Mutter mußte die englische Pfarrerstochter **Charlotte Brontë** (†1855) die Fürsorge für ihre beiden jüngeren Schwestern übernehmen, zumal der Vater der Melancholie anheimgefallen war. In der Abgeschiedenheit der Moorlandschaft von West Riding erfanden sich die Geschwister ihre eigene Phantasiewelt und veröffentlichten 1847 gleichzeitig ihre ersten Romane. Charlotte heiratete mit achtunddreißig Jahren einen Geistlichen und starb ein Jahr später: »Ich werde nicht sterben, oder? Er wird uns nicht trennen, wir waren doch so glücklich.«

Der irische Geistliche **Augustus Brooke** (†1916) ließ sich aus der Zeitung die neuesten Nachrichten über die Aufstände der katholischen Sinn-Fein-Rebellen vorlesen und bemerkte mit leisem Bedauern: »Wie schade, jetzt gehen zu müssen.«

Der wegen Ketzerei verurteilte **Giordano Bruno** (†1600) rief angesichts des Scheiterhaufens: »Ich sterbe als Märtyrer. Meine Seele wird mit dem Rauch zum Paradies emporsteigen.«

Der deutsche Pianist und Dirigent **Hans von Bülow** (†1894) heiratete die Tochter seines Lehrers Friedrich Liszt, die ihn verließ, um die Frau Richard Wagners zu werden. Diese private Niederlage hielt Bülow nicht davon ab, sich auf Konzertreisen in Europa und Übersee für den umstrittenen Wagner einzusetzen. Auf einer dieser Reisen erkrankte er in Kairo tödlich und antwortete auf die Frage, wie er sich fühle, mit einem matten: »Schlecht«.

Der spanische Filmrevolutionär **Luis Buñuel** (†1983) wurde im hohen Alter von dreiundachtzig Jahren bewußtlos ins Krankenhaus von Mexiko City eingeliefert. Als er am Morgen erwachte, fragte ihn seine Frau, wie es ihm gehe. Wahrheitsgemäß antwortete er: »Ich sterbe.«

Fünfunddreißig Jahre lang war **Jacob Burckhardt** (†1897) Professor in Basel, schrieb dort seine großen Werke über die »Kultur der Renaissance in Italien« und die »Griechische Kulturgeschichte« und starb auch dort. Verständlich also, daß er zuletzt etwas ängstlich bat: »Nur nicht noch ein Erdenleben!«

Der britische Autor **Frances Hodgson Burnett** (†1924) ist mit einem einzigen Buch in den literarischen Olymp aufgestiegen: Es gibt kein Kind in England, das »Little Lord Fauntleroy« nicht kennt. Der Name des Autors mag mit der Zeit hinter seinem Werk verschwinden, aber der kleine Lord wird zum beständigen Erbe der englischen Literatur gehören. In diesem Bewußtsein starb auch Burnett: »Mit dem Besten, was in mir steckte, hatte ich versucht, ein bißchen mehr Glück in diese Welt hineinzuschreiben.«

Während der Beerdigung des schottischen Dichters **Robert Burns** (†1796) gebar ihm seine Frau auf dem Friedhof einen Jungen. Diese Schwangerschaft und seine Schulden hatten das Ende des einst gefeierten Dichters überschattet. Sein rascher Aufstieg aus einfachsten Verhältnissen in die intellektuellen Kreise von Edinburgh machte ihn blind für die Realitäten des Lebens. Er pachtete vom Erlös seines zweiten Gedichtbandes ein zwar schön gelegenes, aber verwahrlostes Gut, konnte sich infolge seiner gesellschaftlichen Verpflichtungen wenig darum kümmern und mußte es mit großem Verlust wieder abgeben. Durch die Vermittlung eines befreundeten Grafen erhielt er die Stelle eines Zollinspektors, die er jedoch nur in Wirtshäusern wahrzunehmen schien. Als er mit achtunddreißig Jahren auf dem Sterbebett lag, schickte ihm ein Gläubiger noch eine Rechnung, die er zerknüllte mit den Worten: »Dieses verfluchte Schwein!«

Der italienische Komponist **Ferruccio Busoni** (†1924) zu seiner Frau: »Liebe Gerda, ich danke dir für jeden Tag, den wir zusammen waren.«

Die enthusiastische Idee **Lord Byrons** (†1824), die Griechen in ihrem Befreiungskampf gegen die Türken zu unterstützen, versank im Dauerregen von Mesolongion. Das Fischerdorf lag in einem Sumpfgebiet, und Byron erkrankte bald nach der Ankunft an einer Malaria, die nicht behandelt werden konnte. Am 19. April versammelten sich die Freunde am Bett des

Sterbenden; der hilflose Arzt konnte die Tränen nicht zurückhalten. Byron schlug zum letzten Mal die Augen auf, lächelte und seufzte auf italienisch: »Welch eine schöne Szene!«

C von Caesar bis Cuvier

Julius Caesar (†44 v. Chr.) war erstaunt, einen Vertrauten unter seinen Mördern zu sehen: »Auch du, Brutus?«

Auf den spanischen Edelmann **Don Rodrigo Calderón** (†1621) geht die Redensart zurück: »Stolzer als Don Rodrigo auf dem Schafott«, denn er tat keine Buße, sondern schleuderte seinen versammelten Feinden voller Verachtung den Satz ins Gesicht: »Ich habe mein Leben mit Anstand gelebt!«

Die Freunde des britischen Poeten **Thomas Campbell** (†1884) wußten nicht genau, ob er schon gestorben war oder nur beharrlich schwieg. In der Hoffnung, er würde etwas sagen, begannen sie eine provokative Diskussion darüber, wer der Autor eines bestimmten, in Wahrheit natürlich von ihrem Freund stammenden Gedichts sei. Da zeigte es sich, daß Campbell tatsächlich noch lebte, wenngleich nur noch sehr kurz, denn als absichtlich ein falscher Verfassername genannt wurde, sagte Campbell noch: »Nein, das Gedicht ist von mir.«

Carême

Der Franzose **Marie Antoine Carême** (†1833) war der berühmteste Koch seiner Zeit. Geboren als eines von vierundzwanzig Kindern einer Bettlerin, war er mit dreißig Jahren so erfolgreich, daß er für Kaiser und Könige kochen durfte, für den Zaren Alexander ebenso wie für den Prinzen von Wales. Während des Wiener Kongresses war er für das leibliche Wohl der Herrscher und Diplomaten verantwortlich und wurde anschließend Leibkoch des Baron von Rothschild. Sein fünfbändiges Standardwerk »Die Kunst der französischen Küche« (1833) setzte die Maßstäbe für mehr als hundert Jahre, doch von allen seinen Leistungen erfüllte ihn seine Erfindung des Blätterteigs mit dem größten Stolz. Carême starb am Herd, als er überwachte, was seine Schüler kochten: »Diese Kalbsklößchen sind gut, aber zu rasch erhitzt. Man muß die Kasserolle ganz leicht schwenken.«

Die historischen Schriften von **Thomas Carlyle** (†1881) sind längst der Vergessenheit anheimgefallen. Seine Abneigung gegen das Volk und sein Loblied auf eine feudale Gesellschaft, wie er es zuletzt in einer sechsbändigen Geschichte Friedrichs des Großen formuliert hatte, paßten nicht mehr in die Zeit. Als er mit 86 Jahren starb, hatte er vor den gesellschaftlichen Entwicklungen resigniert und empfand auch seine eigene Abberufung nicht als Skandal: »Das ist also der Tod, na ja ...«

Ob der britische Professor Charles Lutwidge Dodgson, der sich **Lewis Carroll** (†1898) nannte, seine Abenteuer der kleinen Alice im Wunderland tatsächlich für Kinder geschrieben hat, ist heute längst nicht mehr wichtig, weil die Erwachsenen die verzwickte Logik und das parodistische Sprachspiel Carrolls auch für sich entdeckt haben und mit dem Spaß am Enträtseln einen geradezu wissenschaftlichen Ernst betreiben. Lewis Carroll starb vereinsamt in seinem Haus und bat seine Krankenschwester: »Nehmen Sie diese Kissen weg – ich brauche sie nicht mehr.«

Der italienische Opernsänger **Enrico Caruso** (†1921) starb auf dem Gipfel seines Ruhmes als glänzendster Tenor seiner Zeit. Er verfügte nicht nur über eine technisch brillant geführte Stimme, sondern im Gegensatz zu vielen anderen Opernsängern auch über eine eminente schauspielerische Begabung. Er hatte auf den Bühnen von Mailand und London Triumphe gefeiert, bevor er 1904 nach Amerika ging. Im Winter 1920 erkrankte Caruso in New York an einer eitrigen Brustfellentzündung, die er in seiner neapolitanischen Heimat auskurieren wollte. Aber die Ärzte konnten ihm nicht helfen. Er starb mit den Worten: »Ich bekomme keine Luft!«

Im Laufe seines abenteuerlichen Lebens war **Giacomo Casanova** (†1798) Arzt, Jurist, Alchemist, Diplomat (also Spion), Glücksspieler und sogar Schriftsteller – aber immer und vor allem war er Genießer. Er hat mehrere Millionen Mark verschenkt, verspielt, verlebt, ausgegeben, hauptsächlich für Bestechung und Frauen, oft für beides gleichzeitig. Für ihn selbst blieb nichts. Als armer Mann mußte er sich mit sechzig Jahren beim Grafen Waldstein im tschechischen Dux als Bibliothekar anstellen lassen und hat dort in der Einöde noch dreizehn Jahre lang gelebt und täglich an seinen berühmten Memoiren geschrieben. Was er dort von den oft lebensgefährlichen Wechselfällen seines Lebens erzählt, läßt seine letzten Worte ein wenig unglaubwürdig erscheinen: »Ich habe als Philosoph gelebt und sterbe als Christ.«

Der französische Maler **Paul Cézanne** (†1906) stammte aus Aix-en-Provence und kehrte nach einigen Mißerfolgen und Versuchen als Jurastudent in Paris wieder dorthin zurück, wo er in völliger Abgeschiedenheit vom zeitgenössischen Kunstbetrieb seine Meisterwerke malte. In der Stunde seines Todes erinnerte er sich an den Namen jenes Museumsdirektors in Aix, der ihm einst eine Ausstellung verweigert hatte: »Pontier! Pontier!«

Der unter dem Pseudonym **Nicolas Chamfort** (†1794) bekannte französische Schriftsteller Sébastien Roch versuchte als Diener adliger Herren in revolutionären Zeiten seine Unabhängigkeit zu wahren, indem er politisch unbedenkliche Schauspiele und Ballette schrieb. Was er wirklich dachte, erfuhr das Publikum erst Jahre nach seinem Tod, als seine Aphorismen, Maximen und Anekdoten veröffentlicht wurden: Sie enthalten eine ebenso geistreiche wie schonungslose Abrechnung mit der Korruption und Heuchelei seiner Zeit. Als man ihn der politischen Unzuverlässigkeit verdächtigte, beging er Selbstmord: »Ach, mein Freund, ich verlasse diese Welt, in der die Herzen gebrochen werden oder sie müßten aus Eisen sein.«

Der peruanische Flugpionier **Georges Chavez** (†1910) gehörte mit zwölf anderen Teilnehmern zu einer Gruppe, die zum ersten Mal den Flug über die Alpen wagten. Nur zwei kamen ans Ziel, einer von ihnen war Chavez. Sein Flugzeug wackelte beim Anflug schon bedenklich, die Menge applaudierte, plötzlich brachen beide Tragflächen und Chavez stürzte mit dem Rumpf seiner Maschine in die Tiefe. Noch vier Tage lag er im Spital und murmelte unentwegt vor sich in: »Ich bin angekommen, ich bin angekommen ...«

Zwei Tage vor dem Sturz seines Erzfeindes Robespierre mußte **André de Chénier** (†1794) der bedeutendste französische Lyriker des 18. Jahrhunderts, seinen Kopf auf die Guillotine legen. Im Kerker hatte er noch einige seiner schönsten Gedichte geschrieben; auf dem Weg zur Hinrichtung rezitierte er gemeinsam mit seinem Freund Roucher Verse aus Racines »Andromache«. Als er vor dem Blutgerüst angelangt war, besah er die Apparatur von oben bis unten und sagte dann: »Am Ende ist es doch schade um diesen Kopf – ich meine, es steckt noch etwas darin!«

Chesterfield

Am Tag vor seinem Tod ließ sich **Lord Chesterfield** (†1773) in seiner Kutsche zum Friedhof fahren. Die letzten Jahre hatte der ehemalige Diplomat und Schriftsteller mit der Abfassung seiner »Briefe an den Sohn« verbracht, einem geistreichen Werk voller Lebensklugheit, in dem er die Summe seiner Erfahrungen auf dem politischen und gesellschaftlichen Parkett an die nächste Generation weitergeben wollte. Das umfangreiche Manuskript war abgeschlossen, die Veröffentlichung nach seinem Tode gesichert. Alles war geordnet, nichts dem Zufall überlassen. Als der Lord mit der Kutsche vom Friedhof zurückkehrte, fragte ihn sein Hofmeister, ob er die frische Luft genossen habe, und Lord Chesterfield antwortete: »Nein, ich habe nur meine Beisetzung geprobt.«

Der englische Schriftsteller **Gilbert Keith Chesterton** (†1936) ist heute nur noch bekannt durch seine Geschichten um den scheinbar unbedarften Pater Brown, der jedoch wie Sherlock Holmes jeden Kriminalfall lösen kann. Chesterton war vielseitig begabt; seine Balladen und Lieder gehörten lange zum literarischen Repertoire. Er konvertierte 1922 zum Katholizismus und lieferte sich mit George Bernard Shaw geistreiche Streitgefechte, in denen er gegen den Sozialismus Shaws die Werte des Katholizismus verteidigte. Er starb mit den Worten: »Der Fall ist klar – es geht um Licht oder Dunkelheit, und jeder muß sich entscheiden, wo er steht.«

Dem lungenkranken Komponisten **Frédéric Chopin** (†1849) hatte seine Geliebte George Sand versprochen, er werde nur in ihren Armen sterben. Auf diese Ehre erhoben, wie Turgenjew schrieb, später ein halbes Hundert Gräfinnen in Europa Anspruch, und entsprechend variantenreich sind die Überlieferungen seiner letzten Tage und Stunden. Gewiß ist, daß George Sand zu den wenigen Personen gehörte, die sich nicht um den Sterbenden kümmerten. Gesichert ist auch, daß er in seiner letzten Wohnung am Place Vendôme 12 ständig von mindestens zwanzig Personen umgeben war, die ebenso viele Versionen seiner letzten Worte verbreiteten. Drei Tage und Nächte dauerte seine Agonie bei vollem Bewußtsein, dann hielt der Arzt ein brennendes Streichholz vor Chopins Gesicht, um festzustellen, ob er noch atme, und fragte ihn, ob er leide. Chopin antwortete schwach: »Nicht mehr.«

Königin **Christina von Schweden** (†1689) starb bei dem Diktat der Inschrift für ihren Grabstein: »Königin Christina lebte LXIII Jahre …«.

Der griechische Philosoph **Chrysippos** (†208 v. Chr.) war fast dreißig Jahre lang der Leiter der stoischen Schule in Athen und machte der Philosophie auch in seiner letzten Stunde alle Ehre: Als ein Esel ihm die letzte Feige auffraß, sagte er: »Nun gebt dem Tier auch noch einen Schluck Wein, damit es die Feige herunterspülen kann!«

Am Ende seines nur dreiunddreißigjährigen Lebens bereute der englische Pfarrer **Charles Churchill** (†1764), daß er seine Zeit mit satirischen Angriffen auf Männer, die weitaus bedeutender waren als er, nämlich auf Dr. Johnson und Hogarth, vergeudet hatte. Er starb, ohne ein wirklich wichtiges Werk zu hinterlassen: »Was für ein Narr ich war!«

Von Sir **Winston Churchill** (†1965), der nicht nur ein bedeutender Politiker, sondern auch ein passabler Historiker war und der für seine Werke 1953 den Nobelpreis für Literatur erhielt, werden häufig jene angeblich letzten Sätze überliefert, die in Wahrheit aus einem Interview zu seinem 75. Geburtstag stammen: »Ich bin bereit, meinen Schöpfer zu treffen. Ob er allerdings darauf vorbereitet ist, mich zu treffen, ist eine andere Frage.« In Wahrheit sagte er als letztes den historisch wenig befriedigenden Satz: »Alles ist so langweilig.«

Der deutsche Theologe David Kochhafen, der als Humanist seinen Namen in die besser klingende griechische Version **David Chyträus** (†1600) geändert hatte, erlebte als Siebzigjähriger gerade noch die Veröffentlichung seiner gesammelten Schriften: »Mehr schreibe ich nicht.«

Zu den römischen Sitten gehörte es, unbequeme politische Gegner wie **Marcus Tullius Cicero** (†43 v. Chr.) zu ermorden. Er war Führer der Senatspartei, und Antonius fürchtete seinen Einfluß, den er als demagogischer Redner ausüben konnte. Mit seinem eleganten und höchst kunstvollen Stil ist Cicero der eigentliche Erfinder der lateinischen Prosa, dessen Einfluß auf die europäische Kultur bis ins 19. Jahrhundert reicht: Jeder politische Redner von Rang hat sich an seinem Stil geschult. Cicero war auf dem Weg zu seinem Landgut, als die Mörder seine Sänfte anhielten. Er zeigte keine Angst, sondern sagte: »Ich habe immer gewußt, daß ich sterblich bin.«

Aufmerksam bis zuletzt versuchte der Dichter **Matthias Claudius** (†1815) hinter das Geheimnis zu kommen, wie sich die Seele vom Körper löst. »Mein ganzes Leben habe ich auf diesen Augenblick studiert«, sagte er, »aber noch begreife ich so wenig wie in den gesundesten Tagen, wie es damit gehen wird.« Sein Hamburger Biograph Mönckeberg schildert nach dem Bericht der Ehefrau, wie Claudius gleichsam mit angehaltenem Atem die letzten Regungen seiner Seele zu erfassen suchte. Das Erlöschen seines Lebens verfolgte er wie ein naturwissenschaftliches Experiment und teilte den Personen, die sein Sterbebett umstanden, immer mit, wie weit es sei. Um zwei Uhr Mittags sagte er laut und vernehmlich: »Nun ist's aus!«, blickte zu seiner Frau und flüsterte: »Gut Nacht, gute Nacht.«

Mit äußerster Härte gegen das unterlegene deutsche Reich diktierte der französische Ministerpräsident **Georges Clemenceau** (†1929) die Bedingungen des Versailler Vertrages, die nicht nur eine wirtschaftliche Schwächung, sondern vor allem eine Demütigung Deutschlands zum Ziel hatten. Seine Nation hat ihm diese Rache am Erbfeind nicht gelohnt: Bei der Wahl zum Präsidenten der Republik im Januar 1920 fiel er durch und zog sich daraufhin aus dem politischen Leben zurück. Auch mit seinem Tod war er unzufrieden: »Ich sterbe im Bett! Ein schlechter Tod!«

Fast fünfzig Jahre lang verkörperte der französische Schriftsteller, Maler und Filmemacher **Jean Cocteau** (†1963) die künstlerische Avantgarde. Von Proust bis Picasso, von Stravinskij bis Charlie Chaplin gab es keinen Künstler, der von seinen Anregungen nicht profitierte. Einige seiner Werke, besonders die Filme »Orphée« und »La belle et la bête«, haben Kultstatus erreicht, während andere nur noch als Klassikerzitat bekannt sind: Das Drama »Les enfants terribles« gab 1929 einer ganzen Generation ihren Namen. Mit großem Enthusiasmus förderte Cocteau junge Talente. Noch an seinem Todestag empfing er einen angehenden Dramatiker, der ihm sein erstes Stück vorlas. Danach konnte Cocteau nur noch erschöpft sagen: »In Ihrem Stück fehlt eine Rolle: Jemand zwingt einen Freund, der im Sterben liegt, sich eine Komödie in fünf Akten anzuhören. Das wäre doch wirklich komisch, finden Sie nicht?«

Den amerikanischen Kriegskorrespondenten **Charles Coffin** (†1916) ereilte das Unglück, mitten im Ersten Weltkrieg zu sterben. Er war sich der Diskrepanz zwischen der Situation und seiner Arbeit durchaus bewußt: »Wenn diese Schmerzen nicht wären, würde ich aufstehen und schreiben.«

In seinen »Denkwürdigkeiten« erzählt Chateaubriand von einer **Marquise de Coislin** (†1817), an deren Sterbebett man sich über diverse Taktiken unterhalten habe, wie man den Tod in Schach halten könnte. Es hieß, man würde nicht sterben, solange man voll konzentriert sei. Die Marquise seufzte: »Das glaube ich ja, aber im entscheidenden Moment bin ich immer zerstreut.«

Die französische Schriftstellerin **Sidonie-Gabrielle Colette** (†1954) heiratete mit zwanzig Jahren einen fünfzehn Jahre älteren Kollegen, der sie wegen seiner eigenen Erfolglosigkeit zum Schreiben zwang. So entstand die Reihe der erfolgreichen Romane um die Heldin Claudine. Die Liebe und ihre Katastrophen waren das zentrale Thema Colettes, das sie psychologisch nuanciert variierte. Ihr letztes Lebensjahrzehnt verbrachte Colette pflegebedürftig im Rollstuhl. Ihr letzter Satz war das Fazit: »Jeder Abschluß ist eine Rückkehr zum Anfang.«

Colt

Dem amerikanischen Waffenhersteller **Samuel Colt** (†1862) verdankt die Welt zwei klassische Erfindungen: den Colt Kaliber 45 und den letzten Satz »It's all over now!«.

Der französische Philosoph **Auguste Comte** (†1857) löste mit seinem System des Positivismus die alten Fragen der Metaphysik ab, starb jedoch zu früh, um den Triumph über seinen Kontrahenten Karl Marx noch erleben zu können, was er selbst am meisten bedauerte und deshalb zuletzt sagte: »Welch ein unvergleichlicher Verlust!«

Der britische Altphilologe **Arthur Cook** (†1952) war bis zuletzt ein Perfektionist. Als ihm auf dem Sterbebett die ersten Verse des 121. Psalms vorgelesen wurden, unterbrach er sofort: »Das ist falsch übersetzt.«

Die Adlige **Charlotte de Corday** (†1793) erstach den Jakobiner Jean-Paul Marat, um dem Terror der Revolution ein Ende zu machen. Vergeblich; sie mußte selbst aufs Blutgerüst und betrachtete das Mordinstrument höchst interessiert: »Ich habe ein Recht auf Neugier, denn ich habe vorher noch nie so etwas gesehen. Sieht nach Tod aus, aber es führt zur Unsterblichkeit.«

Fast alle Museen der Welt besitzen Bilder des französischen Malers **Camille Corot** (†1875). Das ist nicht verwunderlich, da es rund einhunderttausend Arbeiten gibt, die ihm zugeschrieben werden. Nur etwa siebenhundert Werke können einwandfrei als echt identifiziert werden. Corot signierte bereitwillig Bilder von weniger berühmten Kollegen und von Schülern. Als er starb, erwarben Kunsthändler aus seinem Nachlaß Hunderte unvollendete Bilder, die sie fertigmalen ließen. Corot hätte es ihnen nicht verübelt; er war ein freundlicher Mensch und deshalb sicher, in den Himmel zu kommen: »Ich gehe und hoffe von ganzem Herzen, daß im Himmel auch gemalt wird.«

Der amerikanische Filmkomiker **Lou Costello** (†1959) verließ diese Welt, für die er den Trottel gespielt hatte, mit einem Gefühl der Zufriedenheit: »Das war die beste Eiscreme-Soda, die ich jemals hatte.«

Der aus Italien stammende Musiklehrer **Niccolò Coviello** (†1926), der in London lebte und unterrichtete, besuchte seinen Neffen in New York und machte mit ihm einen Ausflug nach Coney Island, wo er in den akustischen Genuß mehrerer Jazzbands kam. Er erlitt, niemand weiß, ob vor Erschöpfung oder Erregung, einen Herzinfarkt, konnte aber noch seinen Neffen belehren: »Das ist keine Musik.«

Cowper

Der englische Dichter **William Cowper** (†1800) mußte seine juristische und politische Laufbahn wegen eines Nervenleidens und krankhafter Melancholie aufgeben. Er zog zu einem Freund aufs Land, lebte nach dessen Tod mit seiner Witwe und schien geheilt, wovon einige Werke, z. B. »The Task« (1785) zeugen, doch nach dem Tod seiner Lebensgefährtin fiel er vollends in geistige Umnachtung. Er verstand wohl auch sein eigenes Sterben nicht mehr: »Was bedeutet das?«

Der englische Geistliche **George Crabbe** (†1832) hat mehrere Gedichte über das ländliche Leben in Suffolk geschrieben, aber nur eines, »The Village«, wurde berühmt, weil es den Idyllen Oliver Goldsmiths widersprach: Crabbe schilderte hier detailgenau die dörflichen Mißstände. Er starb versöhnt mit seinem bequemen Leben, das er sich als junger Mann mit großen Hoffnungen viel aufregender ausgemalt hatte: »Am Ende ist alles gut.«

Der amerikanische Dichter **Harold (Hart) Crane** (†1932) versuchte in seinen Gedichten eine neue Sprache zu finden, um die alten Mythen Amerikas mit den technischen Erfindungen der Moderne in Einklang zu bringen: Columbus und die Metro, Pocahontas auf der Brooklyn Bridge: Die Zeiten werden durchgemischt, und es regiert nur noch die Logik der Metapher. Was bei Gershwin gelingt, wird bei Crane zum Problem. Er muß die Aporie seiner Arbeit geahnt haben. Am

Cream

27. April 1932 sprang er im Golf von Mexiko von Bord eines Luxusliners mit den Worten: »Goodbye everybody!«

Der amerikanische Schriftsteller **Stephen Crane** (†1900) war der Riese, auf dessen Schultern eine ganze Generation naturalistischer Autoren, z. B. Hemingway, stand. Seine von allen Verlagen abgelehnte, dann 1892 privat und unter Pseudonym gedruckte Novelle »Maggie. Ein Mädchen von der Straße« war die erste Schilderung eines Prostituiertenschicksals in den Slums von New York. Aber erst mit einem desillusionierenden Kriegsroman gelang Crane 1895 der Durchbruch – man hielt seine Schilderungen aus dem Bürgerkrieg für autobiographisch und schickte ihn als Korrespondenten nach Kuba. Crane starb mit neunundzwanzig Jahren an einer Tuberkulose, die er in Badenweiler auszuheilen gehofft hatte. Auf dem Sterbebett erklärte er sich selbst den Tod: »Wenn man an diese Grenze kommt, die wir alle überschreiten müssen, ist das nicht so schlimm. Man fühlt sich schläfrig, es macht nichts. Nur eine traumähnliche Unsicherheit, in welcher Welt man wirklich ist, das ist alles.«

Als der englische Mörder **Neil Cream** (†1929) gehängt wurde, wollte er vielleicht in seiner letzten Sekunde seine Seele erleichtern und eines der größten Rätsel der Kriminalgeschichte enthüllen, nämlich die wahre Identität Jack the Rippers. Er kam nicht mehr dazu und so bilden seine drei letzten Worte ein neues Rätsel: »Ich bin Jack ...«

Gemeinsam mit ihrem Mann Pierre erhielt **Marie Curie** (†1934) den Nobelpreis der Physik für die Entdeckung der radioaktiven Elemente Polonium und Radium und acht Jahre später (1911) noch einmal den Nobelpreis für Chemie. Sie starb an Krebs. Als der Arzt der Todkranken noch eine Spritze geben wollte, wehrte sie ärgerlich ab: »Das will ich nicht. Ich will meine Ruhe.«

Die Verdienste des französischen Naturwissenschaftlers **Georges Cuvier** (†1832) gehen besonders im Schulwesen und der Neuordnung der Universitäten weit über das hinaus, wofür sein Name heute noch bekannt ist: Durch die vergleichende Anatomie hat er die Zoologie zur seriösen Wissenschaft gemacht. Er war Napoleons Wissenschaftsminister und stand unmittelbar vor seiner Ernennung zum Minister des Inneren, als er starb. Während die Krankenschwester ihm Blutegel ansetzte, sagte er: »Schwester, ich war es, der entdeckt hat, daß die Egel rotes Blut haben.« Seine Tochter bot ihm ein Glas Limonade an, das er ablehnte. Sie trank es selbst, und Cuvier sagte versonnen mit einem Blick auf die Tochter und die Blutegel: »Es ist wunderbar, wenn man sieht, daß die, die man liebt, noch schlucken können.«

D
von Danton bis Duveen

Der französische Revolutionär **Georges Danton** (†1794) wurde selbst das Opfer der durch seine Radikalität in Gang gesetzten Schreckensherrschaft. Eigentlich wollte er nur Geld und ein gutes Leben; als er in Sèvres ein stattliches Anwesen erworben hatte, hielt er die Fortführung der Revolution für überflüssig. Der Konvent war anderer Ansicht. Der Weg zur Guillotine führte an Robespierres Wohnung vorbei, der sich hinter einem Fensterladen versteckte. Danton bemerkte ihn und rief: »Bestie, sieh hinab! In höchstens vier Monaten wirst auch du diesen Weg gehen! Geh ihn wie ich, wenn du kannst! Aber du wirst zittern, du Feigling!« Unter dem Blutgerüst hielten die Wachen einen zweiten Todeskandidaten davon ab, Danton noch einmal zu umarmen, und dieser tröstete ihn: »Im Sack der Guillotine werden sich unsere Köpfe küssen.« Dann wandte er sich an den Scharfrichter: »Zeige den Leuten meinen Kopf – er ist es wert, daß sie ihn sehen!«

Der amerikanische Südstaaten-Politiker **Jefferson Davis** (†1889) starb nach einem gefährlichen Leben als Soldat im hohen Alter von einundachtzig Jahren. Er verweigerte die letzte Medizin mit den höflichen Worten: »Bitte entschuldigen Sie, ich kann das nicht nehmen.«

Nur ein einziges Werk des englischen Schriftstellers **Daniel Defoe** (†1731) ist heute noch allgemein bekannt: Die Geschichte des Schiffbrüchigen Robinson Crusoe. Der Roman wurde in nahezu alle Sprachen übersetzt und fand unzählige Nachahmer. Doch Defoe war alles andere als ein Abenteuer-Schriftsteller; er war vor allem ein politischer Satiriker, der für seine Schriften an den Pranger und ins Gefängnis mußte. Um sich und seine Familie zu ernähren, arbeitete er zeitweilig als geheimer Unterhändler für die von ihm bekämpfte Regierung. Er verabschiedete sich mit den Worten: »Ich weiß nicht, was für einen Christen schwieriger ist – richtig zu leben oder richtig zu sterben.«

Angeblich war der griechische Philosoph **Demonax** (†176 v. Chr.) schon über hundert Jahre alt, als er freiwillig aus dem Leben schied, um den Beschwernissen des Alters zu entgehen. Er gehörte zur Schule der Kyniker und handelte auch danach – er wollte kein Begräbnis. Seine Schüler fragten ihn, ob es nicht eine Schande wäre, seinen Leichnam einfach den Tieren als Beute zu überlassen, und Demonax, so überliefert es Lukian, antwortete: »Es ist keine Schande, wenn ich nach meinem Tod noch anderen Lebewesen von Nutzen sein kann.«

Nachdem er das Erbe seines Vaters auf Reisen durchgebracht hatte, verdiente **John Dennis** (†1734) sein Geld als Pamphletist für die politische Partei der Whigs. Da er mit seinen ehrgeizigen Schauspielen erfolglos war und von der Kritik verspottet wurde, schrieb er selbst scharfe Kritiken und erlebte einen raschen gesellschaftlichen Aufstieg zum Modeautor. Ein junger Desperado namens Richard Savage, der sich auch als illegitimer Adelssproß ausgab und von poetischen Erpressungen lebte, veröffentlichte unter dem erfolgversprechenden Namen John Dennis einen Gedichtband. Dennis erfuhr davon auf dem Sterbebett und wußte sofort, wer der Autor war: »Mein Gott, das kann niemand anderer sein als dieser Idiot Savage!«

Der philosophierende Mathematiker **René Descartes** (†1650) hatte höchst eigenartige Vorstellungen über Gott und die Welt. Tiere hielt er für belebte Maschinen, die nur mechanisch funktionieren und keinen Schmerz empfinden können, da sie keine Seele haben. Die Seele lokalisierte Descartes beim Menschen in der Zirbeldrüse. Körper und Seele hätten nach seiner Meinung nichts miteinander zu tun, wenn nicht Gott beide durchdränge. Deshalb sprach Descartes am Ende zu seiner Seele: »Die Stunde ist nun gekommen, dein Gefängnis zu verlassen und die Fesseln dieses Körpers abzulegen. Viel Glück!«

Der englische Romancier **Charles Dickens** (†1870) hatte den ganzen Tag mit Schreiben verbracht und wollte wie gewohnt um achtzehn Uhr zu Abend essen. Seine Haushälterin bemerkte einen sonderbaren Ausdruck von Unruhe und

Schmerz auf seinem Gesicht, und er sagte ihr, daß er seit einer Stunde sehr krank sei, aber er wünschte, daß das Essen dadurch nicht gestört werde. Dann begann er, unzusammenhängend zu sprechen. Er stand auf, seine Schwägerin wollte ihn zu einem Sofa führen, aber er sank zusammen und flüsterte noch: »Auf den Boden«.

Nach der Meinung seines Vaters machte **Denis Diderot** (†1784) alles falsch: Er hätte Jurist werden und eine reiche Frau heiraten sollen. Statt dessen studierte er die schönen Wissenschaften und nahm aus Liebe ein armes Mädchen zur Frau. Der wütende Vater entzog dem nichtsnutzigen Sohn daraufhin die finanzielle Unterstützung. Das Ende ist bekannt: Diderot, der nun von seiner Feder leben mußte, wurde einer der einflußreichsten Schriftsteller seines Jahrhunderts. Was die Frau betrifft, hatte sein Vater aber wohl doch recht, denn sie erwies sich bald als sehr beschränkt, was selbst ein Diderot, der mit seiner Enzyklopädie Nationen belehrte, nicht ändern konnte. Als er auf dem Sterbebett lag, reichte sie ihm eine Aprikose, und er fragte entnervt: »Was zum Teufel denkst du, wird mir das nutzen?«

Die Schauspielerin **Marlene Dietrich** (†1992) verbrachte die letzten Jahre ihres Lebens in ihrer Pariser Wohnung und empfing nur noch höchst selten Bekannte, weil man sie als Schönheit aus ihren früheren Filmen im Gedächtnis behalten sollte. Wenige Tage vor ihrem Tod gelang es ihrem ehemaligen Sekretär, einen Priester in die Wohnung zu schleusen. Die für ihre scharfe Zunge berühmte Dietrich warf ihn sofort hinaus: »Was soll ich mit Ihnen reden? Ich habe demnächst einen Termin bei Ihrem Boß!«

Der englische Adlige Sir **Everard Digby** (†1605) wurde wegen angeblichen Hochverrats geviertelt. Als sein Henker dem Publikum das Herz präsentierte mit dem Ruf: »Dies ist das Herz eines Verräters!«, soll Digby noch entgegnet haben: »Du Lügner!«

Als der ehemalige britische Premierminister **Benjamin Disraeli** (†1881) im Sterben lag, ließ Königin Victoria bei ihm anfragen, ob sie ihm einen Besuch abstatten dürfe. Disraeli wußte sehr wohl, daß seine Königin auch zwei Jahrzehnte nach dem Tod ihres Gatten Albert diesen Verlust noch immer nicht überwunden hatte, und wehrte ab: »Lieber nicht«, sagte er auf dem Sterbebett, »sie würde mir doch nur Nachrichten für Albert mitgeben.«

Der österreichische Bundeskanzler **Engelbert Dollfuß** (†1934) starb als tragische Figur in einer politischen Zwischenzeit, deren Bedeutung er selbst nicht verstand. Seine Sympathie galt dem faschistischen System Mussolinis; deshalb lehnte er energisch den Anschluß Österreichs an

Deutschland ab. Dollfuß suchte einen Ausweg in der Umwandlung der Republik in einen autoritären Ständestaat auf christlicher Grundlage. Bei einem Putsch der Nationalsozialisten wurde Dollfuß in seinem Amtszimmer ermordet: »Kinder, ihr seid so gut zu mir. Warum sind es die anderen nicht? Ich habe immer nur den Frieden gewollt. Wir haben niemals jemanden angegriffen. Wir haben uns immer nur selbst verteidigt. Möge Gott ihnen vergeben.«

Auf dem Weg zur Hinrichtung wurde dem russischen Schriftsteller **Fjodor Dostojewskij** (†1881) die Umwandlung des Todesurteils wegen revolutionärer Umtriebe in eine vierjährige Zwangsarbeit in Sibirien verkündet. Er verbüßte seine Strafe, schwor den Ideen eines atheistischen Sozialismus ab und kehrte als vollständig gewandelter Mensch nach Moskau zurück. Die religiöse Frage wurde nun ein zentrales Motiv seiner Romane; die Krise der russischen Gesellschaft stellte er als Glaubenskrise dar. Mit seiner Religiosität konnte er die Herausforderung Gottes beim Roulette vereinbaren, denn meistens gewann Gott. Auf dem Sterbebett bat er seine Frau, die Bibel an einer beliebigen Stelle aufzuschlagen. Sie las: »Und Jesus sprach zu Johannes: Halte mich nicht zurück, denn das Recht muß erfüllt werden.« Daraufhin sagte Dostojewskij: »Hast du verstanden? Halte mich nicht zurück! Meine Zeit ist gekommen, ich muß sterben!«

Der Schriftsteller Sir **Arthur Conan Doyle** (†1930) zu seiner Frau: »Du bist wunderbar.«

Der amerikanische Bankier **Anthony Joseph Drexel III.** (†1893) zeigte Gästen seine Waffensammlung und wollte ihnen gerade eine neu erworbene Pistole demonstrieren: »Und hier ist eine, die Sie noch nie gesehen ...«

Die Nachfolgerin der Marquise von Pompadour in der Gunst Ludwigs XV., die ehemalige Prostituierte **Gräfin Dubarry** (†1793), wurde nicht wegen ihrer notorischen Verschwendungssucht, die man bei einer königlichen Mätresse für unausweichlich hielt, guillotiniert, sondern wegen ihrer auch nach der Revolution andauernden politischen Intrigen. Daß sie den Geist der neuen Zeit nicht begriffen hatte, zeigen ihre letzten Worte an den Scharfrichter: »Sie werden mir doch nicht weh tun?«

Der Girondist **Jean-François Ducos** (†1793) hatte angesichts der Guillotine noch eine Idee: »Der Konvent soll ein Dekret erlassen, das die Unzertrennlichkeit unserer Köpfe vom Körper garantiert.«

Der Schweizer Gründer des Roten Kreuzes, **Henri Dunant** (†1910), dessen diplomatischer Initiative auch die bis heute verbindliche Genfer Konvention des Jahres 1864 zu verdanken ist, war ein Anhänger des Urchristentums und lehnte – vergebens – alle Zeremonien der Kirche ab: »Ich will verscharrt werden wie ein Hund, ohne irgendeine von euren Feierlichkeiten. Gott wird meinen letzten Willen respektieren und ich erwarte, daß ihr das auch tut. Amen.«

Der britische Kunsthändler **Joseph Duveen** (†1939) schlug jahrelang alle Warnungen seiner Ärzte in den Wind und verzichtete weder auf Alkohol, Zigarren oder reichliches Essen. Tatsächlich lebte er noch einige Jahre länger, als die ärztliche Prognose gelautet hatte, und er starb mit der Genugtuung: »Immerhin fünf Jahre lang habe ich sie zum Narren gehalten.«

E *von Earp bis d'Everuard*

Der amerikanische Rechtsanwalt **Morgan Earp** (†1882) starb durch die Kugel eines Gangsters in den Armen seines Bruders, des legendären Sheriffs Wyatt Earp. Oft hatten beide über ein Leben nach dem Tod gestritten, da Wyatt im Gegensatz zu seinem gläubigen Bruder nicht an ein Fortleben glaubte. Nun mußte ihm der tödlich Getroffene zustimmen: »Ich glaube, du hast recht, Wyatt. Ich sehe verdammt noch mal überhaupt nichts davon.«

Der amerikanische Elektriker **Thomas Alva Edison** (†1931) war ein unermüdlicher Erfinder, der über tausend Patente anmeldete. Die Moderne verdankt ihm das Filmaufnahmegerät und den Abspielapparat, die elektrische Glühlampe, die Tonaufnahme und den Betonguß. Er starb hochberühmt vierundachtzigjährig mit dem glücklichen Blick nach vorn: »Es ist sehr schön dort drüben.«

Noch auf dem Schafott fragte der flandrische General **Graf von Egmont** (†1568) den spanischen Offizier, der ihn bewachte, ob das Todesurteil wirklich unwiderruflich und keine Begnadigung zu erwarten sei. Er wollte nicht glauben, daß sein vermeintlicher Gönner Philipp II. ihn in eine Falle gelockt hatte und tatsächlich exekutieren lassen wollte. Er kniete vor dem Henkersblock nieder, betete, stand wieder auf, legte seinen Hut ab und zog eine Kappe über die Augen, dann legte er den Kopf auf den Block und rief mit lauter Stimme: »Herr, in deine Hände befehle ich meinen Geist.«

Der in Ulm geborene Physiker **Albert Einstein** (†1955) lehrte seit 1932 in Princeton, wo er auch starb. Bereits 1948 war bei einer Unterleibsoperation ein Aortenaneurysma festgestellt worden; sieben Jahre später platzte die große Unterleibsaorta, aber Einstein lehnte die rettende Operation ab: »Es ist geschmacklos, das Leben künstlich zu verlängern. Ich habe mein Teil getan, nun ist es Zeit zu gehen. Ich möchte dies elegant tun.«

Der 34. Präsident der USA, **Dwight D. Eisenhower** (†1969), bestritt seine Wahlkämpfe mit dem Nimbus des siegreichen Kriegsherrn, der die alliierte Invasion Europas geleitet und die Nazitruppen besiegt hatte. Seine Leistungen als Präsident (1953–61) waren eher bescheiden. In der Ungarn-Krise (1956) ist seine Rolle bis heute umstritten: Hatte die CIA einen Aufstand mitorganisiert, und ließ die Regierung der USA im entscheidenden Augenblick das ungarische Volk im Stich? Eisenhower starb ermüdet: »Ich will gehen. Gott erwartet mich.«

Elisabeth

Die englische Romanautorin Mary Ann Evans, die unter dem Pseudonym **George Eliot** (†1880) publizierte, starb an gebrochenem Herzen. Als einzige Tochter eines früh verwitweten, strenggläubigen Methodisten führte sie dessen Haushalt und beriet ihn schon bald in seinen Geschäften. Geistig gänzlich von ihm entfremdet, begann sie ihre literarische Karriere mit der Übersetzung des freidenkerischen Buches »Das Leben Jesu« von D. F. Strauß. Ab 1854 lebte sie in freier Ehe mit dem Kritiker G. H. Lewes, der sie zum Schreiben ermutigte. Nach dessen Tod 1878 verfiel sie in Depressionen, heiratete zwar noch 1880 den gemeinsamen Freund Cross, starb aber im gleichen Jahr: »Sag dem Arzt, ich habe starke Schmerzen in der linken Seite.«

Nach dem frühen Tod ihrer einzigen Tochter suchte die rumänische **Königin Elisabeth** (†1916) Trost und Ersatz in humanitären und literarischen Werken. Durch ihre selbstlose Hilfe für die Kranken und Armen gewann sie die Liebe ihres Volkes ebenso wie die Anerkennung der literarischen Welt für ihre Dichtungen, die sie unter dem Pseudonym »Carmen Sylva« mit großem Erfolg veröffentlichte. In ihrer letzten Stunde war ihr wohl bewußt, was ihr Volk und die Welt von ihr erwarteten: »Alle warten darauf, daß man etwas Schönes sagt ... und dann kann man es nicht.«

Die englische **Königin Elisabeth I.** (†1603) konnte rückblickend mit ihrem Leben zufrieden sein. Alle Anfeindungen und Intrigen im Innern hatte sie überstanden, außenpolitisch führte sie England durch den Sieg über die spanische Flotte an die Spitze der Weltmächte, und auch die Kultur erreichte unter ihrer Regierung eine einzigartige Höhe – sie wollte diese Welt, die sie mitgestaltet hatte, nicht verlassen: »Alle meine Reichtümer für noch einen Augenblick!«

Der englische Volksdichter **Ebenezer Elliott** (†1849) ist vor allem durch seine radikalen Verse gegen die Korngesetze bekannt geworden (»Corn Law Rhymes«, 1831), mit denen er die soziale Dichtung seiner Zeit inspirierte. Am Ende seines Lebens scherzte er mit dem Arzt: »Ein ungewöhnlicher Anblick, Sir – ein alter Mann, der nicht sterben will.«

Der griechische Philosoph **Epikur** (†271 v. Chr.) sagte mahnend zu seinen Schülern: »Jetzt lebt wohl und erinnert euch an alle meine Worte!«

Der kolumbianische Drogenbaron **Pablo Escobar** (†1993) telefonierte gerade mit seinem Sohn, als eine Sondereinheit der Polizei sein Versteck stürmte und ihn erschoß. Er verabschiedete sich ahnungsvoll von seinem Sohn: »Ich hänge jetzt auf, denn irgendwas geht hier vor sich.«

Der französische Genießer **Charles d'Everuard** (†1703) wurde in seiner letzten Stunde vom Priester gefragt, ob er sich mit Christus versöhnt habe. Er antwortete: »Versöhnen würde ich mich lieber mit meinem Magen, denn er hat seine Funktion eingestellt.«

F *von Fénelon bis Frohman*

Der französische Schriftsteller **François Fénelon** (†1715) war ein Heuchler von erschreckenden Ausmaßen. Als Geistlicher stand er einem Verein vor, in dem sich, wie er es nannte, junge Adlige um die Bekehrung protestantischer Mädchen kümmerten: Sie wurden gefoltert und vergewaltigt. Dörfer mit hugenottischer Bevölkerung wurden von ihm bekehrt, indem er plündernde Soldaten vorausschickte und anschließend dort eindringliche Predigten über die Wohltaten der katholischen Kirche hielt. Seine Erfolge machten ihn zum Lehrer der Enkel Ludwig XIV., zum Mitglied der Akademie und zum Erzbischof von Cambrai, wo ihm ein Denkmal errichtet wurde. Als er merkte, daß ihn sein Gott zu sich holen wollte, sagte er scheinheilig: »Herr, wenn ich noch gebraucht werde, werde ich weiterarbeiten.«

Der spanische Lehrer **Francisco Ferrer Guardia** (†1909) wurde wegen revolutionärer Umtriebe vor den Augen seiner Schüler standrechtlich erschossen. Zu den Soldaten sagte er, er wolle ohne eine Binde vor den Augen hingerichtet werden, dann wandte er sich an seine Schüler: »Lebt wohl, meine Kinder, es ist nicht eure Schuld. Ich bin unschuldig. Lang lebe die Schule!«

Dem britischen Adligen **Earl Laurence Ferrers** (†1760) wäre es aufgrund seines Standes vorbehalten gewesen, nicht durch das Seil, sondern durch das Schwert zu sterben. Die Morde dieses offenkundigen Psychopathen waren jedoch so grauenvoll, daß er als einziger britischer Adliger in der Geschichte zum ehrlosen Tod durch Erhängen verurteilt wurde. In dieser Situation verlangte und erhielt der Snob eine seidene Schlinge. Zum Henker sagte er: »Ich vergebe Ihnen und hoffe, daß mir selbst vergeben wird.«

Die britische Operndiva **Kathleen Ferrier** (†1953) unterbrach eine Probe des »Rosenkavalier« mit den Worten: »Now I'll have eine kleine Pause.«

Der amerikanische Physiker **Richard Feynman** (†1988) besaß die seltene Gabe, komplizierte Zusammenhänge sehr anschaulich und vor allem unterhaltsam erklären zu können. Noch heute schwärmen ehemalige Studenten von seinen Vorlesungen, was bei seinem hauptsächlichen Forschungsgebiet der Quantenelektrodynamik (Nobelpreis 1965) tatsächlich auf ein ungewöhnliches pädagogisches Talent schließen läßt. Feynmans Lebensinhalt waren ungelöste Probleme, ganz gleich, ob es sich um den Maya-Code oder die von ihm aufgeklärte Challenger-Katastrophe handelte. Seinen Tod wollte er als sein letztes und spannendstes Experiment erfahren, das ihn jedoch enttäuschte: »Dieses Sterben ist einfach langweilig.«

Fichte

Wenige deutsche Philosophen waren so mutig wie **Johann Gottlieb Fichte** (†1814), der die Französische Revolution verteidigte und 1794 die Schrift »Zurückforderung der Denkfreiheit, an die Fürsten Europas« veröffentlichte. Seine Vorlesungen in Jena waren so gut besucht, daß man befürchtete, er könnte die Studenten zu einem Umsturz aufwiegeln, und ihn wegen des Verdachts des Atheismus entließ. Mit seinen »Reden an die deutsche Nation« (1807/08) wurde Fichte in Berlin zum einflußreichsten Agitator des Befreiungskriegs gegen Napoleon. Bei der Pflege verwundeter Soldaten hatte sich seine Frau infiziert; sie genas, doch Fichte, vom selben Fieber angegriffen, starb. Als man ihm noch ein Medikament reichen wollte, sagte er: »Schon gut. Ich brauche keine Medizin mehr. Ich fühle, daß ich geheilt bin.«

Die Filme des amerikanischen Komödianten **W. C. Fields** (†1946) mögen mit der Zeit in Vergessenheit geraten. Dennoch bleibt er unsterblich wegen seines Satzes: »Wer keine Hunde und keine kleinen Kinder mag, kann kein schlechter Mensch sein.« Damit wird man zwar nicht zum Liebling der Nation, aber für einen Ehrenplatz im Himmel der schwarzen Schafe Hollywoods reicht es allemal. Als Inschrift auf seinem Grabstein wünschte sich W. C. Fields: »Ich wäre jetzt lieber in Philadelphia.« Er war hochverschuldet und gab deshalb seiner Frau den letzten Rat: »Nimm, was du tragen kannst, und hau ab! Die Geier warten schon!«

Fontenelle

Der Amerikaner **Albert Fish** (†1936) wurde wegen der Verführung Minderjähriger, des mehrfachen Mordes und Kannibalismus zum Tod auf dem elektrischen Stuhl verurteilt. Im Exekutionsraum legte er sich die elektrischen Kontakte selbst an und schwärmte: »Das ist der höchste Thrill – der einzige, den ich noch nicht probiert habe.«

Am 9. Mai 1880 wollte der französische Schriftsteller **Gustave Flaubert** endlich zu seinem zweimonatigen Aufenthalt in Paris aufbrechen, den er immer wieder verschoben hatte, weil die Arbeit an seinem Roman »Bouvard und Pécuchet« nicht so rasch voranging, wie er hoffte. Am Tag zuvor erlitt Flaubert einen Schlaganfall, den er nur für einen kleinen Schwächeanfall hielt. Er legte sich aufs Sofa und sagte zu dem Dienstmädchen: »Mir ist gelb vor Augen.«

Der römische Tribun der Praetorianergarde **Subrius Flavius** (†65 v. Chr.) wurde der Verschwörung angeklagt und sollte enthauptet werden. Sein Henker, der Ankläger Veianus, befahl ihm, den Kopf ruhig zu halten. Verächtlich sagte Flavius: »Wäre deine Hand nur so ruhig wie mein Kopf!«

Der französische Schriftsteller **Bernard de Fontenelle** (†1757), dessen überaus zahlreiche Werke heute allesamt und zu Recht vergessen sind, war einst bei seinen Zeitgenossen berühmt wegen seines gefälligen Stils. Originelle eigene Ideen sind von ihm nicht überliefert, obwohl Fontenelle das damals ungewöhnlich hohe Alter von einhundert Jahren erreichte. Der einzige Satz, der ihn überlebte und der charakteristisch ist für seine lebenslange Höflichkeit, ist sein letzter: »Ich fühle nichts, außer einer gewissen Schwierigkeit, noch weiter zu existieren.«

Der amerikanische Senator **Solomon Foot** (†1866) geriet auf dem Sterbebett in eine Art Euphorie: »Was, das ist der Tod? Ist es schon soweit? Ich sehe ihn, ich sehe ihn! Die Tore sind weit geöffnet. Wunderbar, wunderbar.«

Der amerikanische Filmregisseur **John Ford** (†1973) war ein gebürtiger Ire mit dem klangvollen Namen Sean Aloysius O'Fearna. Unter seiner Regie entstanden zahlreiche Filme, die längst zur amerikanischen Filmlegende gehören, vor allem Western wie »Stagecoach« (1939). Selten sah man ihn am Set ohne Zigarre. In den letzten Lebensjahren litt er an schwerem Bronchialasthma, arbeitete aber weiter, das mobile Sauerstoffgerät immer in erreichbarer Nähe. Die Ärzte hatten ihm längst das Rauchen verboten, doch sein letzter Wunsch war: »Kann ich eine Zigarre haben?«

Der schottische Physiker **George Fordyce** (†1802) war, seinem Beruf gemäß, ein nüchterner Mensch, der seinen Gefühlen niemals freien Lauf ließ. In seiner letzten Stunde saß seine Tochter an seinem Bett und las ihm aus einem naturwissenschaftlichen Buch vor. Fordyce spürte den Tod und sagte: »Hör auf. Geh raus. Ich sterbe jetzt.«

Der britische Adlige **Henri Fox, Baron of Holland** (†1774) war ein äußerst kultivierter und höflicher Mensch, was sich auch in seiner letzten Anweisung an seinen Diener zeigt: »Wenn Mr. Seldwyn noch einmal vorspricht, dann lasse ihn herauf. Wenn ich noch lebe, werde ich mich freuen, ihn zu sehen, und falls ich tot bin, wird er mich noch einmal sehen wollen.«

Der französische Romancier **Anatole France** (†1924): »Es ist genau so, als ob man stirbt. Es dauert lange. Mama!«

Als sechzehntes Kind eines Seifensieders wurde **Benjamin Franklin** (†1790) in Boston geboren; als bedeutendster Bürger seines Landes starb er. Er hatte nicht nur Nordamerika in die Unabhängigkeit geführt, sondern auch den Blitzableiter erfunden. Bei seinem Tod verordnete der Kongreß eine Staatstrauer von einem Monat. Franklin starb unter großen Schmerzen an einem Nierenleiden. Als seine Tochter ihm riet, sich anders hinzusetzen, damit ihm das Atmen leichter falle, antwortete er: »Einem Sterbenden fällt nichts leicht.«

Der österreichische Erzherzog **Franz Ferdinand** (†1914) mußte die Thronfolge seines Onkels Franz Joseph I. antreten, konnte aber für seine Reformpläne keine Sympathien im eigenen Land finden. Seine Ermordung führte durch Deutschlands sogenannte »Nibelungentreue« zum Ersten Weltkrieg. Nach dem Todesschuß eines serbischen Nationalisten in Sarajewo sagte er in geradezu programmatischer Fehleinschätzung der Situation: »Es ist nichts.«

Der letzte Kaiser von Österreich, **Franz Joseph I.** (†1916), dem das Land seine klerikale Rückständigkeit verdankte, da er in seiner achtundvierzigjährigen Regentschaft zu keinerlei politischen Einsichten fähig war, verbrachte die letzten Minuten seines irdischen Daseins mit dem durchaus eigennützig gemeinten Absingen der Nationalhymne: »Gott erhalte Franz den Kaiser, unsern guten Kaiser Franz.«

Der jüdische Schriftsteller **Egon Friedell** (†1938) sah zufällig zwei SS-Männer ins Haus kommen und glaubte irrtümlich, sie wollten ihn ins KZ abtransportieren. In Wahrheit galt der Besuch einem Freund der beiden. Friedell jedoch geriet in

Panik, sprang aus dem Fenster in den Tod und rief mit Rücksicht auf mögliche Passanten noch im Fallen: »Vorsicht bitte!«

Auf dem Sterbelager ließ sich Preußenkönig **Friedrich der Große** (†1786) von seinem Geistlichen aus dem Buch Hiob vorlesen, bis zu der Stelle: »Ich bin nackt von meiner Mutter Leib gekommen, nackt werde ich wieder dahinfahren.« Mit dieser Aussicht war der König überhaupt nicht einverstanden und protestierte: »Das ist nicht wahr. Ich werde meine Uniform tragen.«

Der Preußenkönig **Friedrich Wilhelm I.** (†1740) vereinigte in sich alle Untugenden, die einen Preußen im Ausland zum Hohn gereichten: Er war ungebildet, autoritär, militaristisch und geizig. Seine Verachtung für jede Art von Bildung demonstrierte er mit der Ernennung seines Hofnarren zum Präsidenten der Akademie der Wissenschaften. Als absoluter Herrscher verlangte er von seinen Untertanen bedingungslosen Gehorsam und preßte sie gnadenlos aus, um seine einzige Leidenschaft, sein Heer, finanzieren zu können. Sein autoritäres Gebaren zeigt sich auch noch in der Groteske seiner letzten Worte: Er fragte seinen Arzt, was sein Puls mache, und erhielt die Antwort: »Majestät, er steht still.« Wütend ballte der König die Faust und schrie: »Er soll nicht stillstehn!«

Frohman

Der Theatermanager **Charles Frohman** (†1915) und der Autor Elbert Hubard (†1915) gehörten zu den 128 amerikanischen von insgesamt 1198 Passagieren, die bei der Versenkung der »Lusitania« durch ein deutsches U-Boot am 7. Mai 1915 ums Leben kamen. Hubard sagte zu Frohman: »Verdammt, sie haben uns getroffen. Sie sind noch mieser, als ich dachte«, und Frohman entgegnete: »Das ist das größte Abenteuer meines Lebens.«

G *von Gaddis bis Gusenberg*

Der amerikanische Schriftsteller **William Gaddis** (†1998) arbeitete in seinen letzten Lebensjahren, als er bereits von der Krebserkrankung geschwächt war, an einem Sachbuch über die Entwicklung des mechanischen Klaviers. Als Auftragsarbeit für den Kölner Deutschlandfunk verfaßte er auch noch das Hörspiel »Torschlußpanik«, in dem ein Mann, der schon mit dem Tod ringt, versucht, sein letztes Buch fertigzustellen – ein Buch über die Geschichte des mechanischen Klaviers. Gaddis, der das Erscheinen dieses Buches nicht mehr erlebte, starb mit der Frage: »Ist das gerecht?«

Der englische Maler **Thomas Gainsborough** (†1788) beruhigte sich mit der Gewißheit, sein künstlerisches Vorbild zu treffen: »Wir alle kommen in den Himmel, und da ist auch van Dyck.«

Der italienische Mathematiker und Astronom **Galileo Galilei** (†1642) war fast siebzig Jahre alt und längst ein berühmter Wissenschaftler, als ihm von der katholischen Kirche der Prozeß gemacht wurde. Galilei hatte die Lehre des Kopernikus verteidigt, wonach die Sonne das Zentrum des Universums sei und nicht, wie die Kirche behauptete, die Erde. Bereits 1613 hatte er in einer Abhandlung über die Sonnenflecken erklärt, daß die Erde sich um die Sonne bewege und nicht umgekehrt. Zwanzig Jahre später mußte er dieser Erkenntnis öffentlich abschwören; vermutlich war er gefoltert worden. Bis zu seinem Lebensende stand er unter der Aufsicht der Inquisition, und erst auf dem Sterbebett widerrief er seinen Widerruf: »Und sie bewegt sich doch!«

Nach einem Leben für die Einheit und Freiheit seines Landes starb der italienische Nationalheld **Giuseppe Garibaldi** (†1882) in Armut und nach langer Krankheit. Von seinem Sterbebett aus beobachtete er zwei Finken, die jeden Tag auf dem Fensterbrett saßen, und gab die letzte Anweisung: »Füttert sie, wenn ich nicht mehr bin!«

Der englische Schauspieler **David Garrick** (†1779) wurde nach dem Willen seines Vaters zuerst Kaufmann, bevor er seiner Neigung zur Bühne folgte und zum gefeierten Shakespeare-Darsteller seiner Zeit aufstieg. Er debütierte in London mit »Richard III.« und spielte danach alle Helden, aber auch die großen komischen Rollen mit gleichem Erfolg. Seine zahlreichen, damals sehr beliebten Lustspiele, die er für sein Ensemble des ihm seit 1747 gehörenden Drury-Lane-Theaters schrieb, sind heute vergessen. Man sollte erwarten dürfen, daß ein Shakespeare-Schauspieler, der auf der Bühne jeden erdenklichen Tod mit wohlklingenden Worten gestorben ist, in seiner letzten Sekunde etwas Bedeutenderes äußert als: »O dear ...«

Der Arzt und Dichter **Sir Samuel Garth** (†1719) gab noch in letzter Sekunde eine Probe seines britischen Humors. Nachdem er die Letzte Ölung erhalten hatte, sagte er: »Ich gehe auf eine lange Reise. Die Stiefel sind schon eingefettet.«

Der französische Comte **Agenar de Gasparin** (†1871) zu seiner Frau, die ihm sagte, sie wolle ihm nachfolgen: »Aber nein, du weißt, ich mag es, wenn du vor mir gehst.«

Der deutsche Schriftsteller und Moralprofessor **Christian Fürchtegott Gellert** (†1769) war wegen seines praktischen Urteilsvermögens ein begehrter Ratgeber in allen Lebensbereichen. Sein nüchternes Denken verließ ihn auch am Ende nicht. Die Auskunft seines Arztes, er habe wohl nur noch eine Stunde zu leben, quittierte er mit dem Seufzer: »Gott sei Dank – nur noch eine Stunde.«

Der deutsche Diplomat **Friedrich von Gentz** (†1832) beging den Fehler, anläßlich der Thronbesteigung Friedrichs III.

dem Monarchen in einem »Sendschreiben« gute Ratschläge zu erteilen: Gentz verlangte vom preußischen König niedrigere Steuern, Gewerbefreiheit und vor allem mehr Pressefreiheit. Damit war seine Karriere im preußischen Staatsdienst beendet und Gentz begab sich nach Wien, wo er sich in Metternichs Diensten vom Liberalen zum Reaktionär wandelte, der vehement den strikten Absolutismus verteidigte. Nicht nur im Politischen fürchtete Gentz jede Veränderung, er hatte auch Angst vor dem Sterben. Als es soweit war, fragte er verwundert: »Ist das der gefürchtete Tod?« und fügte hinzu: »Es tut ja wohl.«

Der englische König **Georg V.** (†1936), der 1911 zum Kaiser von Indien gekrönt worden war, soll nach der offiziellen Verlautbarung des Hofes zuletzt gefragt haben: »Wie steht es um das Empire?« Die Wirklichkeit ist etwas profaner: Der Hofarzt verabreichte dem König eine hilfreiche Morphiuminjektion, die allerdings etwas schmerzhaft war, weshalb Georg dekretierte: »Gott strafe Sie!«

Der amerikanische Saxophonist **Stan Getz** (†1991) wollte noch ein letztes Mal einen Blick aus dem Wohnzimmer auf den Pazifik werfen. Aber ausgerechnet an diesem Tag herrschte in Malibu dichter Nebel. Enttäuscht schleppte sich Getz wieder ins Bett und meinte verärgert: »So eine Verarschung!«

Niemand konnte Shakespeare ausdrucksreicher sprechen als **Sir Arthur John Gielgud** (†2000), niemand jedoch seine Rollen erfüllter spielen als Sir Laurence Olivier. Die Konkurrenz dieser Heroen des Theaters ist Legende, spätestens seit die beiden in Gielguds Inszenierung von »Romeo und Julia« (1935) die Rollen von Romeo und Mercutio abwechselnd spielten – ein Experiment, das sie nie wiederholt haben. Gielgud hatte mit siebzehn Jahren am Old Vic in Shakespeares »Heinrich V.« debütiert und noch in Peter Greenaways »Sturm«-Adaption den Prospero gespielt. Er lebte ausschließlich für das Theater; bei einem Gespräch über ein anderes Thema pflegte er sofort demonstrativ einzuschlafen. Als er im Alter von sechsundneunzig Jahren auf seinem Landschloß starb, meinte er noch widerwillig: »Wenn das das Sterben sein soll, dann halte ich nicht viel davon.«

Der des Mordes überführte **Gary Gilmore** (†1977) weigerte sich, eine andere Strafe als den Tod für seine Tat zu akzeptieren. Die politisch Verantwortlichen hielten seine Sturheit für ein Zeichen der Reue, was landesweit zu einer Rückkehr zur häufig ausgesetzten Todesstrafe führte. Gilmore wurde wunschgemäß vor ein Erschießungskommando gestellt. Ohne Regung gab er den Befehl: »Let's do it.«

Der britische Premierminister **William Ewart Gladstone** (†1898) führte über siebzig Jahre lang Tagebuch. Es begleitete ihn durch eine politische Karriere, die von innenpolitischen Erfolgen, vor allem aber durch außenpolitische Niederlagen geprägt war. Seine dritte Regierung stürzte bei dem Versuch, Irland in die Unabhängigkeit zu entlassen. Gladstones Tagebuch enthält keinerlei persönliche Aufzeichnungen, sondern ist eine Chronik der politischen Ereignisse. Den Grund dafür lieferte Gladstone mit dem letzten Satz, den er aufschreiben konnte: »Ich gehe nicht in intime Details. Es ist so leicht zu schreiben, aber als Gentleman zu schreiben, ist fast unmöglich.«

Bevor **Jimmy Glass** (†1987) auf dem elektrischen Stuhl Platz nahm, meinte er: »Ich wäre heute lieber angeln gegangen.«

Die erste britische Frauenrechtlerin **Mary Godwin** (†1797), deren Tochter den berühmten Roman »Frankenstein« schrieb, hielt die Religion für das wirkungsvollste Instrument zur Unterdrückung der Frau. Konsequent lehnte sie deshalb den Priester an ihrem Sterbebett ab: »Ich weiß, was Sie denken. Einem Vertreter der Kirche habe ich nichts zu sagen.«

Ohne Vorahnung und Kampf ging **Johann Wolfgang von Goethe** (†1832) mit dreiundachtzig Jahren in den Tod. Er hatte sich ausgelebt in einer proteischen Existenz, deren Wandlungsreichtum und Erneuerungsfähigkeit schon seinen Zeitgenossen größte Bewunderung abnötigte. Es gehört zum Kult um Goethe, daß auch seinem letzten Wort etwas Erhabenes innewohnen mußte; folglich sollte er das symbolisch deutbare »Mehr Licht!« gesagt haben. Man weiß indes, daß Goethe, in seinem Sessel neben dem Bett sitzend, am 22. März, gegen neun Uhr morgens, nach einem Glas Wein verlangte und darum bat, daß die Fensterläden geöffnet wurden. Er fragte seinen Schreiber John, welchen Tag man habe, und meinte zufrieden: »Also hat der Frühling begonnen, und wir können uns dann um so eher erholen.« Ihm zur Seite saß seine Schwiegertochter Ottilie, im Nebenzimmer die Enkel Walther und Wolf, in einem anderen Raum Eckermann und einige Freunde. Um halb zwölf Uhr mittags drückte sich der sterbende Goethe bequem in die linke Ecke des Sessels und sagte zärtlich zu Ottilie: »Frauenzimmerchen, Frauenzimmerchen, gib mir dein Pfötchen!« Der Diener Friedrich Krause beharrte hingegen in seinen Erinnerungen auf einer ganz eigenen Version, die sich aus verständlichen Gründen nicht durchgesetzt hat: »Es ist wahr, daß er meinen Namen zuletzt gesagt hat, aber nicht, um die Fensterläden aufzumachen, sondern er verlangte zuletzt den Botschamper (pot de chambre = Nachttopf), und den nahm er noch selbst und hielt denselben so fest an sich, bis er verschied.«

Der holländische Maler **Vincent van Gogh** (†1890) beging nach mehreren Anfällen geistiger Verwirrung Selbstmord.

Zu seinem Arzt Dr. Gachet, bei dem er in Auvers lebte, sagte er zuletzt: »Ich gehe jetzt in meine Heimat. Weint nicht. Was ich getan habe, war das beste für uns alle. Es hatte keinen Sinn. Ich wäre nie mehr aus dieser Depression freigekommen.«

Wie sein Vater hatte auch der Ire **Oliver Goldsmith** (†1774) Theologie studiert. Da er aber seit seiner Kindheit durch eine Pockenerkrankung entstellt war, verweigerte ihm die barmherzige Kirche eine Stelle, weil er als Geistlicher einer Gemeinde nicht zugemutet werden könne. So verbrachte er sein Leben mit wechselnden Berufen, meist in bitterster Armut. Erst durch die Bekanntschaft mit Dr. Johnson gelang ihm die Anknüpfung an einen Literaturkreis, aber sein Hauptwerk »Der Vikar von Wakefield« erschien erst postum. Heute zählt es zur klassischen englischen Prosa. Auf die Frage, ob sein Geist zur Ruhe gekommen wäre, antwortete der Sterbende: »Nein, ist er nicht.«

Der spanische Stierkämpfer **Joselito Gomez** (†1920) wurde ein Opfer seines überflüssigen Berufs. Im Angesicht des Todes verflog seine zur Schau gestellte Männlichkeit sehr rasch: »Mutter, ich ersticke!«

Der schottische Söldner **James Graham, Marquis von Montrose** (†1650) verbrachte die Nacht vor seiner Hinrichtung mit der Abfassung einer Rede an das Volk, die er aber nicht halten, sondern sich nur mit einem Strick um seinen Hals binden durfte. »Das ist mir eine größere Ehre«, lachte er, »als wenn mich Seine Majestät zum Ritter des Hosenbandordens ernannt hätte.« Als der Strang angezogen wurde, rief er: »Möge Gott sich dieses armen Landes erbarmen!«

Der Marschall **Antoine de Gramont** (†1678) hatte keine Zeit, ein besonders gottgefälliges Leben zu führen. Sein Beichtvater mußte ihm auf dem Sterbebett noch die Grundsätze des katholischen Glaubens erklären. Der alte Krieger wandte sich zu seiner Frau: »Ist das wirklich alles wahr?« Als sie nickte, seufzte er: »Na gut, dann müssen wir uns mit dem Glauben beeilen!«

Der amerikanische Präsident **Ulysses S. Grant** (†1885) hinterließ bei seinen Zeitgenossen ein zwiespältiges Bild. Einerseits galt er als Held des Bürgerkriegs, weil er durch seine militärischen Leistungen der Union zum Sieg verholfen hatte, andererseits war er später in Korruptionsaffären verwickelt, die seine Wiederwahl unmöglich machten. Durch betrügerische Bankgeschäfte verlor er selbst sein ganzes Vermögen, so daß ihm der Kongreß eine Pension bewilligen mußte. Grant hatte noch nicht gelernt, seine Memoiren zu Lebzeiten zu Geld zu machen; sie erschienen erst nach seinem Tod. Er selbst verlangte zuletzt nur: »Wasser!«

Machtgier und Intoleranz bestimmten das Handeln des Papstes **Gregor VII.** (†1085), der schon vor seiner Inthronisation die päpstliche Politik als graue Eminenz lenkte, nach seiner Einsetzung aber auch die europäischen Staaten unter seine Herrschaft bringen wollte. Er erließ nicht nur das Zölibatsgesetz, sondern sein Name ist vor allem verbunden mit dem Investiturverbot: Weltlichen Herrschern war damit jede Einflußnahme und jede Mitwirkung an der Verleihung kirchlicher Ämter untersagt. Weil der deutsche Kaiser Heinrich IV. einen Bischof ernannt hatte, wurde er mit dem Bann belegt und mußte auf einem Bußgang in Canossa Abbitte leisten. Später setzte er diesen Papst ab, vertrieb ihn aus Rom und ließ einen Gegenpapst wählen. Gregor VII. starb in Salerno mit den selbstgerechten Worten: »Ich habe die Gerechtigkeit geliebt und das Unrecht gehaßt, deshalb sterbe ich im Exil.«

Nur zehn Tage war **Lady Jane Grey** (†1554) Königin von England, dann endete sie wegen Hochverrats unter dem Beil des Henkers. Als Spielball politischer Intrigen war sie auf Druck des Herzogs von Northumberland, ihres ehrgeizigen Schwiegervaters, von König Edward VI. zur Thronfolgerin bestimmt worden, doch nach dessen Tod trat seine Tochter Maria in ihre legitimen Rechte ein. Als sich der Herzog von

Northumberland dagegen auflehnte, ließ Maria ihre Rivalin enthaupten. Lady Jane sah den Richtblock, zog sich ihr Tuch über die Augen und fragte: »Was soll ich tun? Wo ist es?«

Nach dem Tod des österreichischen Dichters **Franz Grillparzer** (†1872) sprach man nicht über seine Werke, sondern über seine eigentümlichen Lebensverhältnisse: Er lebte nämlich mit drei Frauen zusammen, mit Kathi Fröhlich, seiner frühen Geliebten, die er nie heiratete, und mit deren beiden Schwestern. Der klatschsüchtigen Wiener Gesellschaft schien diese Wohngemeinschaft ein lohnenderes Thema als Grillparzers Dramen, die man schon damals nicht zu Unrecht als etwas langweilig empfand. Der Dichter hat sich in grimmigen Versen an der Stadt gerächt, aber auch diese sind heute vergessen. Er war einundachtzig Jahre alt, als der Tod ihn mit sich nahm. Das Frühstück schmeckte ihm nicht, die gewohnte Zigarre auch nicht – der Hausarzt Dr. Preyst hatte also Grund zur Besorgnis. Grillparzer schlummerte in seinem Sessel ein, erwachte plötzlich gegen Mittag und sagte unvermittelt: »Nun wird's doch wohl bald zu Ende sein!« Der Arzt empfahl einen Schluck Tokayer zur Stärkung des Kreislaufs, und Grillparzer trank, sah den Doktor mit großen Augen an und sagte wie von fern: »Mein lieber Preyst ...«

Der Gangster **Frank Gusenberg** (†1929) wurde bei dem berüchtigten Massaker am St. Valentinstag in Chicago von vierzehn Kugeln getroffen. Er lebte noch, als ein Polizist ihn fragte, wer auf ihn geschossen habe. Gusenberg vergaß auch in diesem letzten Moment seine Gangsterehre nicht: »Niemand hat auf mich geschossen ... Es wird dunkel, Bulle. Mach's gut.«

H *von Hall bis Hus*

Mit ihrem Roman »Der Quell der Einsamkeit« (1928) hatte die britische Schriftstellerin **Margaret Radclyffe Hall** (†1943) das Kultbuch aller Lesbierinnen geschrieben und damit einen ungeheuren Skandal verursacht: In England wurde das Buch verboten, konnte aber erstaunlicherweise im prüden Amerika erscheinen, wo die Autorin enthusiastisch gefeiert wurde. Auf den Erfolg aufmerksam geworden, beschloß Samuel Goldwyn, den Roman zu verfilmen. Der Einwand, die Protagonistin des Buches sei aber eine Lesbierin, konterte der notorisch ungebildete Studioboß: »Na und? Dann machen wir sie eben zur Amerikanerin!« Die Autorin starb vergessen in Paris und hatte längst ihren Frieden mit sich und der Welt gemacht: »Was für ein Leben – aber so wie es ist, gebe ich es Gott.«

Der Schweizer Naturwissenschaftler **Albrecht von Haller** (†1777) ist heute als Dichter der Alpen ebenso vergessen wie als Pionier der Medizin. An der neu gegründeten Universität Göttingen wirkte er sechzehn Jahre als Professor für Anatomie und Chirurgie, rief die »Sozietät der Wissenschaften« ins Leben und ließ den botanischen Garten, eine Entbindungsanstalt und die Zeichenakademie einrichten. Haller galt in seiner Zeit als großer Universalgelehrter. Als er starb, fühlte er sich den Puls: »Das Herz schlägt ... schlägt noch ... Das Herz schlägt nicht mehr.«

Der norwegische Schriftsteller **Knut Hamsun** (†1952) starb mit fast dreiundneunzig Jahren als ebenso berühmter wie verfemter Autor. Er hatte aus tiefer Abneigung gegen die amerikanische Zivilisation, die er aus eigener Anschauung kannte, Sympathien zu der völkischen Blut-und-Boden-Ideologie der Nationalsozialisten nicht verheimlicht und sich auch während des Zweiten Weltkriegs zu Deutschland und der Quisling-Bewegung in Norwegen bekannt. Nach 1945 wurde Hamsun wegen Landesverrats angeklagt und in Arrest gehalten, aber schließlich wegen seines hohen Alters nur zu einer Geldstrafe verurteilt. Sein Rang als Schriftsteller wurde von den politischen Irrtümern nicht berührt. Er starb in den Armen seiner Frau, die ihm das Kopfkissen zurechtrücken wollte: »Laß sein, Marie, jetzt sterbe ich.«

Der 29. amerikanische Präsident **Warren Harding** (†1923) war ein entschiedener Gegner aller Gesetze, die ihm keinen persönlichen Nutzen brachten. Er starb vor Ablauf seiner Amtszeit, die ausgefüllt war mit Korruptionsskandalen. An seinem Ende ließ er sich aus der Bibel vorlesen: »Das ist gut. Lies weiter.«

Der dichtende Neurotiker **Jakob Haringer** (†1948), der von sich behauptete, »Ich bin und bleibe der größte Schriftsteller des Jahrhunderts«, ist den Nachweis seiner Größe leider schuldig geblieben. Seiner Mitwelt ging er mit unverlangt zugesandten Gedichten auf die Nerven. Er lebte von Spenden und starb mit den Worten: »Ich scheiß auf die Welt!«

Im Ersten Weltkrieg desertierte der Tscheche **Jaroslav Hašek** (†1923) in Rußland von der österreichischen Landwehr zu den tschechischen Truppen und verarbeitete seine Militärzeit ab 1920 in dem mehrteiligen Roman vom braven Soldaten Schwejk, der zu naiv ist, um den höheren Sinn des Krieges zu verstehen, und lieber sich selbst als die Ideale rettet. Hašek war Alkoholiker, und der Arzt fühlte sich wohl besonders klug, als er ihm das letzte Glas Schnaps verweigerte. Verzweifelt rief Hašek: »Aber Sie schulden es mir!«

Der indische Generalgouverneur **Warren Hastings** (†1818) in englischen Diensten kehrte nach einem Leben voller erfolgreicher Pflichterfüllung für die Krone, also nach Jahren des Mordens und der Unterdrückung der indischen Untertanen, nach England zurück und wurde in einem Skandalprozeß des Amtsmißbrauchs angeklagt, jedoch wie erwartet freigesprochen. Er starb als sechsundachtzigjähriger Greis auf seinem Landsitz in Oxfordshire: »Sicher muß man in meinem Alter abtreten. Nur Gott kann mir jetzt noch helfen. Keiner von euch weiß, was ich leide.«

Am 9. Mai 1946 schrieb der fast 84jährige **Gerhart Hauptmann** (†1946) an einen Bekannten, er erkenne manchmal seine eigenen Werke nicht mehr. Über die politischen Realitäten sprach er nicht. Die Sowjetarmee hatte das Gebiet besetzt und ihn im Namen der polnischen Regierung höflich, aber unwiderruflich aufgefordert, sein Haus in Agnetendorf zu verlassen. Während bereits gepackt wurde, erlitt Hauptmann einen Grippeanfall mit hohem Fieber, von dem er sich nicht mehr erholte. Bevor er ins Koma fiel und drei Tage später starb, fragte er seine Frau: »Bin ich noch in meinem Haus?«

Der mysteriöse Findling **Kaspar Hauser** (†1833) tauchte eines Tages im vermuteten Alter von sechsundzwanzig Jahren in Nürnberg auf und gab an, zeitlebens in einem dunklen Raum gefangengehalten worden zu sein. Er war geistig zurückgeblieben und kam in die Obhut eines Lehrers. Nach zwei nicht aufgeklärten Attentatsversuchen 1829 und 1831 starb er an einer Stichwunde, deren Urheber ebenfalls nicht ermittelt wurde. Die Spekulationen über seine Mörder füllen Regalwände. Sehr früh tauchte die heute immer noch favorisierte These auf, Kaspar Hauser sei ein illegitimer Erbprinz von Baden gewesen, der von der Gräfin Hochberg zur Sicherung ihrer Erblinie beseitigt worden sei. Kaspar Hauser schien gewußt zu haben, daß er verfolgt wurde, denn die gesicherten letzten Worte galten zuerst seiner Wunde und dann seinen Widersachern: »Ich habe es nicht selbst getan. Viele Katzen sind der Mäuse Tod.«

Hegel

Der britische Schriftsteller **William Hazlitt** (†1830) wurde von seinem Arzt schonend darauf vorbereitet, daß er bald im Himmel sein werde. Er tröstete sich über diese Aussicht mit dem Satz: »Na gut, dafür hatte ich ein schönes Leben.«

Der deutsche Dramatiker **Friedrich Hebbel** (†1863) fühlte den Tod nahen. Da seine Frau und die Tochter mit am Bett standen, fragte er seinen Arzt mit einem bedeutungsvollen Blick, wann endlich die Besserung eintreten werde. Der Arzt verstand und antwortete ernst: »Morgen.« Hebbel, der tatsächlich am folgenden Tag starb, lehnte sich zurück und sagte erleichtert: »Also morgen.«

Das System des Philosophen **Georg Wilhelm Friedrich Hegel** (†1831) erhob den Anspruch, alle Erscheinungen der Wirklichkeit aus der Selbstbewußtwerdung des Geistes erklären zu können, vorausgesetzt, daß alles Wirkliche vernünftig und nur das Vernünftige wirklich sei – woran Hegel heute berechtigte Zweifel hätte. Aber bereits zu seiner Zeit fiel es ihm schwer, alle Erscheinungen der Gesellschaft innerhalb seines Systems zu erklären. Noch schwerer war es nur, dieses abstrakte Gedankengebäude seinen Zeitgenossen zu vermitteln. Noch auf dem Totenbett sinnierte der cholerakranke Hegel: »Nur ein Mensch hat mich jemals verstanden«, und nach einer Pause meinte er mit endgültiger Resignation: »Und auch der verstand mich nicht.«

Heine

Der Dichter **Heinrich Heine** (†1856) stand nicht in dem Ruf, ein besonders gottgefälliges Leben geführt zu haben. Daher wurde er auf dem Sterbebett gefragt, ob er sich nicht Sorgen mache, daß Gott ihm vielleicht seine Sünden nicht verzeihe. Aber Heine war sich sicher: »Gott wird mir verzeihen; es ist sein Beruf.«

Der amerikanische Autor **O. Henry** (William S. Porter, †1910) stammte aus einer bürgerlichen Arztfamilie und führte selbst ein unauffälliges Leben, bis er als Bankangestellter wegen Veruntreuung angeklagt wurde und nach Südamerika floh. Mehrere Jahre saß er im Gefängnis, lebte dann in New York unter Bettlern und starb als Alkoholiker an einer Lungenentzündung. Daß er nach seiner Haftzeit mehrere Bände mit Kurzgeschichten veröffentlichen konnte, ist in Kenntnis seiner Biographie fast ein Wunder. Ein besonders borniter Lexikograph verstieg sich zu der Behauptung, er wäre »einer längeren Kunstform als der Kurzgeschichte nicht fähig« gewesen, und machte ihm zum Vorwurf, daß seine Weltsicht »durch und durch fatalistisch« gewesen wäre. Als das Pseudonym O. Henry starb, bat William Porter: »Macht das Licht an. Ich will nicht im Dunkeln gehen.«

Obwohl der britische Kriegsminister **Sidney Herbert** (†1861) wegen der Ineffizienz seiner Behörde im Krimkrieg zurücktreten mußte und ein Untersuchungsausschuß den Zustand der Armeeverwaltung durchleuchtete, nahm er wenige Jahre später erneut dieses Amt an und reorganisierte die Verwaltung von Grund auf. Diese Leistung brachte ihm sogar den Respekt seiner politischen Gegner ein, doch ruinierte er damit seine Gesundheit. Herbert ist einer der wenigen Politiker, die an Überarbeitung gestorben sind. Er war fünfzig Jahre alt, als er endgültig Bilanz ziehen mußte: »Also gut, das ist das Ende. Ich hatte ein sehr glückliches Leben. Vielleicht ein kurzes, aber ein ausgefülltes. Ich habe nicht alles geschafft, was ich wollte, aber ich habe versucht, mein Bestes zu geben.«

Der amerikanische Industrielle **Abraham S. Hewitt** (†1903) war der Meinung, er habe mit seinen achtzig Jahren lange genug gelebt. Deshalb nahm er sich auf dem Sterbebett die Sauerstoffmaske ab und verkündete mit fröhlicher Genugtuung: »So, jetzt bin ich offiziell tot.«

Der jugendliche Mörder **Richard Hickok** (†1965), der aus Unzufriedenheit mit dem eigenen Leben zusammen mit einem Komplizen eine ganze Familie ausgelöscht hatte – Truman Capote erzählt die Geschichte in seinem Buch »Kaltblütig« –, sagte unterm Galgen: »Ihr schickt mich in eine bessere Welt, als die hier jemals war.«

Conrad Hilton (†1979), der Gründer der gleichnamigen Hotelkette, wurde zuletzt gefragt, ob er seinen Angestellten noch ein Vermächtnis übermitteln wollte. Er antwortete: »Der Duschvorhang gehört nach innen in die Wanne!«

Als Oberbefehlshaber des deutschen Heeres erfand **Paul von Hindenburg** (†1934) die sogenannte »Dolchstoßlegende«, derzufolge die deutsche Armee nicht vom Feind, sondern von pazifistischen Verrätern in ihrem Rücken, also in der Heimat, besiegt worden wäre. Mit dieser schlichten These sammelte Hindenburg als Reichspräsident in der Weimarer Republik die rechtskonservativen Kreise und ermöglichte im Januar 1933 die Regierung Hitlers. Er starb mit siebenundachtzig Jahren auf seinem Landgut. Zu seinem Arzt sagte er: »Es ist soweit, Sauerbruch, sagen Sie jetzt Freund Hein, daß er eintreten kann.«

Der englische Philosoph **Thomas Hobbes** (†1679) schrieb als alter Mann von dreiundsechzig Jahren jene skandalöse staatsphilosophische Abhandlung »Leviathan«, die seinen Namen auf unrühmliche Weise unsterblich machte. Es war ein grandioses Mißverständnis: Hobbes machte sich zwar zum Anwalt eines autoritären Staates, aber eben nur unter seiner Voraussetzung, daß der Mensch prinzipiell egoistisch und asozial sei und einzig die absolutistische Staatsgewalt dem Krieg aller gegen alle Einhalt gebieten könnte. Er konnte nicht ahnen, daß seine Analysen durch die späteren Realitäten übertroffen und sogar noch demokratisch sanktioniert werden würden. Der weitgereiste Philosoph starb geächtet und gesellschaftlich isoliert: »Ich gehe jetzt auf meine letzte Reise. Ein großer Schritt in die Dunkelheit.«

Der Tiroler Freiheitskämpfer **Andreas Hofer** (†1810) sollte vor dem Erschießungstrupp auf die Knie gehen. Er weigerte sich: »Der Herr ist bei mir und stehend will ich Gott zurückgeben, was er mir verliehen hat. Gebt Feuer!«

In seinen letzten Monaten war der romantische Schriftsteller **E. T. A. Hoffmann** (†1822) gelähmt. Ein hilfloser Versuch, die Nerven entlang des Rückgrats wieder zu stimulieren, geschah mit einem Brenneisen; unmittelbar darauf empfing Hoffmann einen Freund mit der Frage: »Riechen Sie noch den Bratengeruch?« Da die Lähmung bereits die Hände erreicht hatte, konnte Hoffmann nur noch diktieren; so entstanden noch »Des Vetters Eckfenster« und »Die Genesung«. Mitten im Diktat von »Der Feind« brach der Dichter ab, ließ sich mit dem Gesicht zur Wand drehen und sagte: »Es ist jetzt Zeit, ein wenig an Gott zu denken.«

Am Schluckauf zu sterben war dem schottischen Bauerndichter **James Hogg** (†1835) beschieden, und dieser Tod war ebenso ungewöhnlich wie sein Leben. Wie sein Vater war Hogg nämlich Schäfer; Lesen und Schreiben mußte er sich selbst beibringen. Die Lieder, Sagen und Legenden seiner Heimat wußte er auswendig. Durch einen Zufall wurde Walter Scott auf ihn aufmerksam, als er selbst alte Volkslieder zu sammeln begann. Scott förderte die poetische Begabung Hoggs und führte ihn in die Edinburgher literarische Gesellschaft ein, wo er auch Byron kennenlernte. Der Herzog von Buccleuch schenkte Hogg 1816 eine Farm, auf der er den Rest seines Lebens verbrachte. Trotz seines an glücklichen Fügungen reichen Lebens starb Hogg mit verständlicher Verbitterung: »Es ist eine Schande für die Fakultät, daß sie nichts tun können gegen diesen Schluckauf!«

Der japanische Holzschnittmeister **Katsushika Hokusai** (†1849) begründete eine ganze Epoche der Landschaftsdarstellung, arbeitete aber auch als Gebrauchsgraphiker für Glückwunschkarten. Er starb im hohen Alter von neunundachtzig Jahren mit den bescheidenen Worten: »Wenn der Himmel mir noch fünfzig Jahre geschenkt hätte, dann wäre ich wirklich ein Maler geworden.«

War die jahrelange Umnachtung des schwäbischen Dichters **Friedrich Hölderlin** (†1843) nur ein gespielter Rückzug oder tatsächlicher Wahnsinn? Eine Ursache ist medizinisch nicht zu ermitteln, Gründe indes ließen sich manche finden. Es gibt wohl keinen anderen deutschen Dichter, dessen poetische Ideale so kläglich an der Prosa der Verhältnisse scheiterten. In den Briefroman »Hyperion« hat er seine Klage über Deutschland ebenso eingeschrieben wie seine tragische Liebe zu Diotima, der Frankfurter Bankiersgattin Susette Gontard, die seine Liebe erwiderte, ohne die Trennung verhindern zu können. Fast vierzig Jahre lang lebte Hölderlin in geistiger Abwesenheit bei einem Tischlerehepaar, das für ihn sorgte. Am Abend vor seinem Tod starrte er in die helle Mondnacht, ging zu Bett und sang die Lieder seiner Kindheit vor sich hin.

Der schwindsüchtige Dichter **Ludwig Heinrich Christoph Hölty** (†1776) wußte schon früh, daß er unheilbar krank war und kein hohes Alter erreichen würde. So sind auch seine heitersten Gedichte und Trinklieder umwölkt von einer Sentimentalität, der die Melancholie des Abschieds nicht fern liegt. Sein Leben und Lieben, seine Beziehung zu Orten und Menschen war ein einziges Abschiednehmen. Mit achtundzwanzig Jahren ging es mit ihm zu Ende; zu seiner Hauswirtin sagte er noch: »Ich bin sehr krank; schicken Sie nach (dem Arzt) Zimmermann, ich glaube, ich sterbe noch heute ...«

Der legendäre Revolverheld **Tom Horn** (†1878) aus Amerikas Pionierzeit wußte, daß er den Tod verdient hatte. Als er zum Galgen geführt wurde, sah er, daß die Hände des jungen Sheriffs zitterten. »Du wirst doch jetzt nicht nervös werden«, fragte Horn ihn aufmunternd, und der Sheriff entschuldigte sich: »Das ist meine erste Hinrichtung.« Horn zog sich selbst den Strick über den Kopf und antwortete lachend: »Meine auch!«

Berühmt wurde der Magier **Harry Houdini** (†1926) vor allem durch seine Entfesselungstricks, die von vielen Kollegen bis heute nachgeahmt, aber von keinem übertroffen werden. Beispielsweise ließ sich Houdini an Händen und Füßen fesseln und in einen großen Koffer einschließen, der mit Stahlbändern zusätzlich verschlossen und im Hafenbecken von New York versenkt wurde. Es dauerte genau neunundfünfzig Sekunden, bis Houdini wieder auftauchte. Er starb nicht bei einem seiner gefährlichen Kunststücke, sondern wurde von einer Krankheit besiegt: »Ich glaube, das hier schafft mich.«

Seine Gegner nannten den preußischen Naturforscher **Alexander von Humboldt** (†1859) eine »enzyklopädische Katze« – in diesem Spott ist noch der Respekt erkennbar vor der schier grenzenlosen Gelehrsamkeit Humboldts und die Verwunderung darüber, daß er gefährlichste Forschungsreisen und Abenteuer unbeschadet überlebt hatte. Seine liberalen Ansichten machten ihn im reaktionären Preußen unter Friedrich Wilhelm IV. zum Außenseiter, der es sich aufgrund seiner Unabhängigkeit und Berühmtheit dennoch leisten konnte, dem König unbequeme Vorschläge zu machen. Einen leichten Schlaganfall im Februar 1857 überwand er rasch, aber von einer Grippe im Winter des folgenden Jahres erholte er sich nicht mehr. Ein rascher Kräfteverfall zwang ihn ans Bett. Am Morgen des 6. Mai 1859 begrüßte der fast Neunzigjährige das Tageslicht: »Wie großartig ist dieses Sonnenlicht. Als ob Himmel und Erde einander zuwinken.«

Während sein jüngerer Bruder Alexander sich die Welt zu eigen machte, wirkte **Wilhelm von Humboldt** (†1835) als Gelehrter und Politiker im Dienst Preußens. Seinen Namen verbindet man heute nur noch mit der von ihm begründeten Berliner Universität. Seine politische Karriere wurde abrupt beendet, als er in Denkschriften seine Ablehnung der Karlsbader Beschlüsse öffentlich äußerte. Auf seinem Besitz Tegel bei Berlin starb er in den Armen seines Bruders mit den Worten: »Ich habe lange genug an der offenen Tür des Todes gestanden; es wird Zeit hinauszutreten und sie hinter mir zuzumachen.«

Der britische Geistliche Reverend **Thomas Hunter** (†1700) war des Mordes überführt worden und ließ auch in seinem Schlußwort erkennen, daß er für sein Amt nicht ganz geeignet war: »Es gibt keinen Gott. Ich glaube nicht, daß es dort irgendwas gibt. Und wenn doch, dann ist es mir egal.«

Der britische Mediziner **William Hunter** (†1783) blieb sich bis zuletzt ein Gegenstand der Forschung: »Wenn ich die

Kraft hätte, einen Stift zu halten, würde ich aufschreiben, wie leicht es ist zu sterben.«

Der tschechische Kirchenreformer **Jan Hus** (†1415) verwarf den Güterbesitz und die Verweltlichung des Klerus und wurde deshalb 1411 exkommuniziert. Obwohl ihm König Sigismund freies Geleit zum Konstanzer Konzil zugesichert hatte, wurde Hus dort verhaftet und, da er nicht widerrufen wollte, als Ketzer verbrannt. Auf dem Scheiterhaufen stehend sah er, wie eine alte Frau noch Öl ins Feuer goß, und rief seine berühmten Worte: »O sancta simplicitas!«

I von Ibsens bis Irving

Den letzten Besuchern **Henrik Ibsens** (†1906) flüsterte seine Krankenschwester zu, es ginge ihm jetzt schon viel besser, aber Ibsen konnte es hören und sagte energisch: »Im Gegenteil!«

Der amerikanische Autor **Washington Irving** (†1859) gilt als erster Berufsschriftsteller seines Landes, weil er nach dem Bankrott seines Vaters, den er durch seinen großzügigen Lebensstil und zahlreiche Reisen mit verursacht hatte, von seinen literarischen Arbeiten leben mußte. Die deutschen Sagenstoffe, die er auf seinen Reisen kennengelernt hatte, verarbeitete er zu gefälligen Kurzgeschichten (»Rip van Winkle«, »Die Legende von Sleepy Hollow«), die ihrerseits wieder auf die spätromantische Tradition in Deutschland zurückwirkten. Irving starb nach den mürrischen Sätzen: »Jetzt muß ich meine Kissen für noch eine Nacht herrichten. Wann wird das ein Ende haben?«

J *von Jackson bis Joyce*

Der siebte Präsident der USA, **Andrew Jackson** (†1845), war vor allem ein sehr erfolgreicher Soldat, der bereits mit fünfzehn Jahren den nordamerikanischen Freiheitskrieg mitgemacht hatte und es später bis zum General brachte. Seinem Handwerk entsprechend waren seine intellektuellen Bedürfnisse durchaus begrenzt. In seiner letzten Stunde grübelte Jackson über die großen Versäumnisse seines Lebens: »Ich bedaure nur zwei Dinge: daß ich Henry Clay nicht erschossen und John Calhoun nicht aufgehängt habe.«

Der Vater des gleichnamigen Schriftstellers **Henry James** (†1882) lag im Sterben; die Tochter vermittelte die Nachrichten von seinem Befinden zu seinen Freunden, die wissen wollten, welche Vorkehrungen sie für sein Begräbnis treffen sollten. Er sagte ihr: »Richte ihnen aus, daß man nur sagen soll: Hier ruht ein Mensch, der zeitlebens alle Zeremonien, die mit der Geburt beginnen und mit dem Tod enden, als sinnlose und törichte Absurditäten angesehen hat.«

Weit vor Schiller oder Goethe war **Jean Paul** (†1825) der am meisten gelesene seriöse Autor seiner Zeit, was die beiden

Olympier heftig verstimmte. Seine Romane sind so reich an gelehrten Abschweifungen und Assoziationen, gewagten Bildern und Metaphernkaskaden, daß ein heutiges Publikum aufgrund des gesunkenen Bildungsniveaus Mühe hat, Zugang zu seinen Werken zu finden. Als erster deutscher Schriftsteller lebte der gebürtige Johann Paul Richter, der sich aus kleinsten Verhältnissen herausgeschrieben hatte, ausschließlich von seiner Feder. In der Arbeit an seinem grimmigsten und rätselvollsten Roman unterbrach ihn der Tod. Am hellen Mittag wurde es dunkel vor seinen Augen, und er sagte: »Es ist Zeit, zur Ruhe zu gehen.«

Der jüdische Prophet **Jesus** (†33) wirkte in Galiläa als Lehrer und Wunderheiler. Er verkündete, daß er am Ende aller Tage als Weltenrichter wiederkomme, aber schon in seinem irdischen Dasein die Macht habe, Sünden zu vergeben. Seine Lehre widersprach den Theorien der konservativen Schriftgelehrten. Er soll das Volk um sich gesammelt haben, wurde aus Gründen der nationalen Sicherheit verhaftet und ans Kreuz genagelt. Sein Erdenleben, dem eine bemerkenswerte Wirkungsgeschichte folgte, beschloß Jesus am Kreuz mit den Worten: »Es ist getan.«

Der amerikanische Vulkanologe **David Johnson** (†1980) stand am Abhang des ausbrechenden Mount St. Helena und gab über Funk durch: »Vancouver, Vancouver, das ist es!«

Als sich die Tür der Gaskammer hinter **Edward Johnson** (†1987) geschlossen hatte, gab er seine Hoffnung auf einen Gnadenakt des Gouverneurs auf: »Jetzt wird wohl niemand mehr anrufen.«

Schon zu seinen Lebzeiten war **Samuel Johnson** (†1784) eine Institution des literarischen Lebens in London, aber trotz seines unermüdlichen Arbeitseifers gelang es ihm nicht, mit seinen Büchern auch Geld zu verdienen. Sein berühmtes und noch heute häufig zitiertes »Wörterbuch der englischen Sprache« verbesserte seine desolate finanzielle Situation ebensowenig wie eine zehnbändige Literaturgeschichte, mit der er den Grundstein der angelsächsischen Literaturkritik legte. Von frühester Zeit an ständig vom Bankrott bedroht, machte sich Johnson über die Äußerlichkeiten des Lebens wenig Gedanken und galt deshalb manchen als verwahrloster Exzentriker. So wenig wie das Leben, kümmerte ihn auch der Tod: »Sterben hat keine Bedeutung.«

Der amerikanische Unterhaltungskünstler **Al Jolson** (†1950) wurde zur Legende, weil er in dem Film »The Jazz Singer« 1927 den ersten Satz der Filmgeschichte sprach: »You ain't heard nothing yet! – Ihr habt noch gar nichts gehört.« Damit markierte er das Ende der Stummfilmära. Es blieb die Rolle seines Lebens. Ein Musical über seine Karriere (»The Jolson Story«) wurde 1946 mit dem Oscar ausgezeichnet. Jolson hatte den Tod lange erwartet: »Das ist er. Ich gehe, ich gehe.«

Der britische Historiker **John Jortin** (†1770) wies die letzte Speise von sich: »Nein danke, ich habe von allem genug.«

Sieben Jahre schrieb **James Joyce** (†1941) an dem Roman »Ulysses«, um sich fortan der Erschaffung einer eigenen Welt zu widmen, die er knapp zwanzig Jahre später dem Publikum schenkte. Jenes Sprachmonstrum mit dem Titel »Finnegans Wake« reduzierte die Zahl seiner Leser beträchtlich, da es niemand verstand, und sogar die engsten Freunde von Joyce weigerten sich, ihre Lebenszeit mit der Entschlüsselung des kryptisch codierten Romans zu verbringen. Joyce starb wenig später mit dem Bewußtsein, ein Meisterwerk geschaffen zu haben, das nur er allein lesen konnte: »Versteht es niemand?«

K von Kafka bis Kraus

Der sterbenskranke **Franz Kafka** (†1924) beschwor seinen Arzt, der ihm eine sanfte Erlösung durch Morphium versprochen hatte: »Töten Sie mich, sonst werden Sie mein Mörder.« Sein Freund Robert Klopstock war bei ihm, als er starb. Kafka erkannte ihn nicht mehr, sondern hielt ihn für seine Schwester, die er wegen der Ansteckungsgefahr bat, sich nicht zu tief über ihn zu beugen. Klopstock rückte etwas ab und Kafka flüsterte: »Ja, so ist es gut.«

Die letzten Worte des Kriegsverbrechers **Ernst Kaltenbrunner** (†1946), der in Nürnberg hingerichtet wurde, sollen hier auch stellvertretend für die sinngemäß ähnlichen Äußerungen seiner Kumpane stehen. Sie belegen Dr. Johnsons Satz, daß die letzte Zuflucht der Schurken der Patriotismus ist. Kaltenbrunner war ab 1943 als Nachfolger Heydrichs Chef der »Sicherheitsdienste« und hatte maßgeblichen Anteil an den nationalsozialistischen Verbrechen. Unterm Galgen sagte er: »Ich habe meinem Volk und meinem Vaterland mit heißem Herzen gedient. Ich habe meine Pflicht nach den Gesetzen meines Vaterlandes getan. Ich bedaure, daß mein Volk in dieser schweren Zeit nicht ausschließlich von soldatischen Menschen geführt worden ist. Ich bedaure, daß Verbrechen begangen worden sind; ich hatte keinen Anteil an ihnen. Deutschland, Glück auf!«

Die Aufzeichnungen über den Tod des Philosophen **Immanuel Kant** (†1804) stammen zwar von seinem Vertrauten Wasianski, wurden aber erst durch Thomas de Quinceys Publikation in der Februar-Nummer 1827 des »Blackwood Magazine« bekannt. In der Nacht vor seinem Tod verlangte Kant etwas zu trinken. Wasianski gab ihm auf einem Löffel etwas gesüßten und mit Wasser verdünnten Wein, bis Kant fast unhörbar die dann symbolisch überhöhten Worte sprach: »Es ist gut.«

Im Bürgerkrieg gegen sein Volk hatte sich der englische **König Karl I.** (†1649) zu den Schotten geflüchtet, die ihn für vierhunderttausend Pfund an das englische Parlament auslieferten. Er wurde des Hochverrats angeklagt und als Landesfeind zum Tode verurteilt. Als er bei der öffentlichen Hinrichtung vor Whitehall in London seinen Kopf auf den Richtblock legte, meinte er noch: »Der Block könnte etwas höher sein – naja, man muß sich mit dem begnügen, was man hat.«

Mit dem Beinamen »Der Weise« wurde der französische **König Karl V.** (†1380) belegt, weil er die Künste und die Wissenschaften mehr liebte als den Krieg. Die königliche Bibliothek in Paris ist seine Stiftung, seine weiseste Entscheidung war ein Landfriedensgesetz, das bürgerliche Sicherheit im Innern versprach. Die politische Entscheidungsgewalt nahm er den Provinzen ab und verlagerte sie nach Paris, was am Ende seines Lebens zu Revolten gegen ihn führte. Auf dem Sterbelager ließ er sich die Königskrone bringen, sah sie an und sagte: »Wenn man es im voraus wüßte, ließe man dich lieber in den Dreck fallen, als dich aufs Haupt zu setzen.«

Die englische Königin **Karoline** (†1753) riet ihrem Mann Georg II., der an ihrem Sterbebett wachte, sich später wieder zu vermählen. »O nein«, antwortete der rücksichtsvolle Gatte, »ich werde mir lieber Mätressen halten.« Die Sterbende hauchte: »Das hindert ja nicht.«

Der Musiker der Band »Chicago«, **Terry Kath** (†1978), spielte vor Freunden russisches Roulette mit einem Revolver, den er offenbar nicht überprüft hatte: »Keine Sorge, er ist nicht geladen.«

Auf Veranlassung der französischen Königinmutter **Katharina von Medici** (†1589) wurden in der Nacht zum 24. August 1572 (Bartholomäusnacht) mehr als fünftausend Hugenotten ermordet. Dieses Verbrechen überschattet die Verdienste der kunstsinnigen Tochter Lorenzos II. von Medici, deren Ehemann Heinrich II. schon 1559 in einem Turnier getötet worden war, so daß sie für ihren noch minderjährigen Sohn Karl IX. die Herrschaft übernahm. Ihr anderer Sohn Heinrich III. entwand ihr dann allerdings die Macht und ließ sogar die mächtigen Katholikenführer ermorden. Katharina starb im hohen Alter von siebzig Jahren, verbittert und isoliert, mit den Worten: »O mein Gott, ich bin tot!«

Weil **Hermann von Katte** (†1730) in die Fluchtpläne seines Freundes, des Kronprinzen Friedrich und späteren Königs von Preußen, eingeweiht war, wurde er auf Befehl König Friedrich Wilhelms I. vor den Augen seines Freundes hingerichtet: »Der Tod ist süß für den Prinzen, den ich liebe.«

Halb Muse, halb Bacchantin – so hat sich **Angelica Kauffmann** (†1807) selbst gemalt und wohl auch am liebsten gesehen. Vielleicht verfiel sie deshalb auf dem Höhepunkt ihres Ruhms einem billigen Hochstapler, der sie um den größten Teil ihres Vermögens brachte. Verbittert heiratete sie später einen sehr viel älteren, bedeutungslosen, aber anständigen Kollegen, der sie bald zur Witwe machte. Ihr Haus in Rom war ein Treffpunkt von Adligen, Gelehrten und Künstlern; Goethe hat darüber geschrieben und sich von ihr malen lassen. Der Tod kam rasch: Ein Cousin begann an ihrem Krankenlager schon mit einem Gebet für Sterbende, da unterbrach sie ihn: »Nein, Johann, das will ich nicht hören. Lies mir das Gebet für die Kranken auf Seite 128 vor!«

Der berühmteste aller australischen Gangster **Ned Kelly** (†1880) verübte seine Überfälle in einer kugelsicheren Rüstung. So wurde er zwar nicht in Ausübung seines Metiers erschossen, sondern, da er seinen Kopf in dem röhrenförmigen Helm nicht drehen konnte, von hinten überwältigt und gehängt. Lakonisch meinte er: »So ist das Leben.«

Mehrfach war der amerikanische Präsident **John F. Kennedy** (†1963) vor einer Reise ins texanische Dallas gewarnt worden: Der Geheimdienst befürchtete Demonstrationen radikaler Weißer gegen die Bürgerrechtspolitik der Regierung zugunsten der schwarzen Bevölkerung. Doch diese Bedenken schienen grundlos zu sein; Kennedy und seine Frau wurden umjubelt. Bevor der Präsident den offenen Wagen bestieg, in dem er erschossen wurde, sagte der erleichterte Bürgermeister zu ihm: »Mr. President, Sie können nicht sagen, daß Dallas Sie nicht liebt«, und Kennedy antwortete: »Das sieht man.«

Der russische Mafiakiller **Wladimir Keroukian** (†1999) wurde von Polizeikugeln niedergestreckt. Ein orthodoxer Geistlicher beschwor ihn, in der Stunde des Todes dem Teufel zu entsagen. Der Killer entgegnete: »Das ist kein guter Moment, sich Feinde zu machen.«

Der englische Pirat **William Kidd** (†1701) besaß, wie dies bei Verbrechern früherer Zeiten nicht selten war, ein höheres Ehrgefühl als die bürgerliche Gesellschaft. Er wurde ein Opfer seines Vertrauens, denn kaum hatte er einen Fuß an Land gesetzt, erhielt er statt der zugesagten Amnestie den Galgen, auf dessen Stufen er sich bitter beklagte: »Was ist das für eine verlogene und treulose Generation!«

Noch zu seinen Lebzeiten wurde der Dichter **Friedrich Gottlieb Klopstock** (†1803) zu einer anachronistischen Gestalt. Über diesen einstigen Patriarchen der Literatur und seinen ehrgeizigen »Messias« waren die Zeiten hinweggegangen: »Wer wird nicht einen Klopstock loben? Doch wird ihn jeder lesen? – Nein!« (Lessing) Der Dichter jedoch fühlte sich immer noch als praeceptor germaniae, maßregelte Goethe wegen seines liederlichen Lebenswandels und Schiller wegen seiner Rhetorik, ließ weder am »Götz« noch am »Faust« etwas gelten und merkte nicht, daß seine Meinung niemanden mehr interessierte. Als er sterben sollte, rezitierte er sich zum Troste die Verse aus dem zwölften Gesang seines »Messias«: »Ach, er war in Eden und sah von dem Himmel ihm glänzen mehr als Purpur und Gold und vernahm erhabnere Chöre; und es schlug ihm das Herz von der Wonne vollem Gefühle.«

Monatelang spielte der bayerische Gauner **Matthias Kneissl** (†1902) mit der Polizei Katz und Maus. Obwohl er nie die heimatliche Gegend um Dachau verließ, gelang es der Obrigkeit nicht, den gesuchten Dieb dingfest zu machen. Sein Meisterstück gelang ihm mit der Flucht aus einem von sechzehn Polizisten umstellten Bauernhof: Versteckt im stinkenden Odelfass ließ er sich von den Pferden des Bauern durch die Reihe der Gendarmen fahren. Doch dann verließ ihn das Glück: Als er erneut verhaftet werden sollte, gab er mehrere Schüsse aus seinem Gewehr ab und tötete damit zwei Polizisten. Obwohl kein vorsätzlicher Mord vorlag, statuierte die bayerische Justiz ein Exempel und ließ Kneissl in Augsburg hinrichten. Als er im Gefängnishof die eigens aus München herbeigeschaffte Guillotine sah, soll Kneissl die nachmals geflügelten Worte gesprochen haben: »Die Woche fängt ja gut an.«

Der Filmproduzent **Alexander Korda** (†1956) fragte seinen Arzt: »Wenn ich Ihnen jetzt gute Nacht sage, können Sie mir versprechen, daß ich nicht wieder aufwache?«

Der Königsberger Philosophieprofessor **Christian Jakob Kraus** (†1807) ist zwar heute, im Gegensatz zu seinem Kollegen Kant, vergessen, aber als Schüler von Adam Smith übte er großen Einfluß auf die staatswirtschaftliche Gesetzgebung Preußens aus. Er starb überrascht: »Sterben ist ganz anders, als ich gedacht hatte.«

L *von Laënnec bis Luther*

Der französische Physiker und Arzt **Théophile Laënnec** (†1826) hat das Stethoskop erfunden, weil er körperliche Berührungen verabscheute. Bevor er sich zum Sterben legte, zog er seine Ringe ab und sagte: »Bald würde es nötig sein, daß jemand anderes dies macht, und das will ich nicht.«

Der katholische Theologe **Hugues Robert de Lamennais** (†1854) wurde mit dem Buch »Paroles d'un croyant« (1833), in dem er im Namen der Religion die Souveränität des Volkes forderte, zu einem von Kirche und Staat gefürchteten Revolutionär. Das Buch erlebte über hundert Auflagen, sein Autor wurde nach der Februarrevolution in die Nationalversammlung gewählt, zog sich aber bald aus der Politik zurück. Seine Forderungen nach einer Trennung von Kirche und Staat und der Religionsfreiheit für alle Glaubensrichtungen gelten heute als selbstverständlich. Als er auf seinem Sterbebett lag, wollte eine Krankenschwester die Vorhänge zuziehen, weil die ersten Sonnenstrahlen nach langen Wintertagen hereinschienen. Lamennais hinderte die Schwester daran: »Laß sie herein – sie kommen für mich.«

Laplace

Obwohl **Henri Landru** (†1922) zweifelsfrei des mehrfachen Mordes an seinen Geliebten überführt worden war, näherte er sich der Guillotine mit den Worten: »Na gut, es ist nicht das erste Mal, daß ein Unschuldiger verurteilt wurde.«

Dem französischen Astronom und Mathematiker **Pierre Laplace** (†1827) verdankt seine Nation die Abschaffung der revolutionären Zeitrechnung und die Wiedereinführung des gregorianischen Kalenders. Dieses Verdienst ist nahezu vergessen, weil es durch die wissenschaftlichen Leistungen des Forschers überstrahlt wurde: In seinem Hauptwerk »Traité de mécanique céleste« (1799–1825) löste Laplace nahezu alle Probleme im Zusammenhang mit der Bewegung der Himmelskörper. Dennoch starb er in dem Bewußtsein, daß all unser Wissen begrenzt ist: »Wir wissen nicht viel, aber was wir nicht wissen, ist immens.«

Der englische Schriftsteller **David Herbert Lawrence** (†1930) war berühmt für seinen Roman »Lady Chatterley's Lover«, der eine unstandesgemäße Liaison als Aufeinandertreffen von Intellekt und Sinnlichkeit schildert. Es war das Thema seines Lebens, denn seine Mutter hatte als Lehrerin einen Bergarbeiter geheiratet. Lawrence litt schon im Kindesalter an einer Lungenkrankheit, die zum frühen Tod führte: »Ich glaube, es ist Zeit für das Morphium.«

Die früh verwaiste **Ninon de Leclos** (†1705) war ebenso berühmt für ihre Schönheit wie für ihre Bildung. Da sie durch ihr väterliches Erbe finanziell unabhängig war, konnte sie es sich leisten, unverheiratet zu bleiben und statt dessen ihre Gunst mehreren zu schenken. Ihr Salon in Paris war der Treffpunkt der hervorragendsten Gelehrten und Schriftsteller. Ihr zweiter Sohn Villiers, der nicht wußte, daß Ninon seine leibliche Mutter war, verliebte sich in sie und erschoß sich, als er es erfuhr. Ihre Memoiren und die unter ihrem Namen postum erschienenen Briefe sind geschickte Fälschungen. Nach einem Leben, das sie mit allen berühmten Zeitgenossen zusammengebracht hatte, starb sie im hohen Alter von fast neunzig Jahren: »Macht mir keine falschen Hoffnungen. Im Innersten bin ich reif für den Tod.«

Die französische Schauspielerin **Adrienne Lecouvreur** (†1730) wurde auf ihrem Sterbebett von einem Priester gedrängt, sie solle in der Hoffnung auf Vergebung ihr lasterhaftes Leben bereuen und Buße tun vor Gott. Sie gab dem Pfaffen eine Antwort, die zur Folge hatte, daß die katholische Kirche ihr ein christliches Begräbnis verweigerte – sie deutete nämlich auf die Büste des Marschalls Moritz von Sachsen, der ihr Geliebter gewesen war, und sagte: »Das ist mein Leben, meine Hoffnung und mein Gott.«

Als Geldbeschaffer der »Mormon Church« ging **John Doyle Lee** (†1857) zusammen mit einigen Glaubensbrüdern nicht gerade zimperlich vor: Er raubte Züge aus. Er wurde gefaßt, nachdem er in einem einzigen Zug 128 Passagiere erschossen und geplündert hatte. Seine letzten Äußerungen waren: »Ich hoffe, daß ich den Kugeln männlich entgegentreten werde. Ich erkläre mich für unschuldig. Ich habe nichts Falsches getan. Mein Gewissen spricht mich frei. Das ist mein Trost.«

Der holländische Pionier des Mikroskops, **Anton van Leeuwenhoek** (†1723) war Buchhalter und Kassierer in einer Amsterdamer Tuchhandlung und wissenschaftlich völlig ungebildet. Seine Entdeckungen der Blutkörperchen, Bakterien und Infusionstierchen beruhten auf zufälliger Neugier; erst ein Freund sandte einen Bericht an die Royal Academy in London, wodurch Leeuwenhoeks Arbeiten der gelehrten Welt bekannt wurden. Bis zu seinem Tod blieb er ein fleißiger Beiträger der Akademie, dessen Briefe freilich erst übersetzt werden mußten. Das war auch seine letzte Bitte: »Mein Freund, sei so gut, lasse diese beiden Briefe ins Lateinische übersetzen und schicke sie an die Royal Society in London.«

Mit höchstens fünfzig Aufführungen hatte der österreichische Komponist **Franz Lehár** (†1948) für seine Operette »Die lustige Witwe« (1905) gerechnet – es wurden fünfhunderttausend. Er war plötzlich berühmt und erfolgreich, und er blieb es. Lehár war Hitlers Lieblingskomponist, aber er versagte, als es darum ging, seinen jüdischen Librettisten Fritz Löhner-

Beda aus dem Konzentrationslager zu retten. Lehár starb 1948 in seiner Villa in Bad Ischl, ganz mit sich im reinen: »Jetzt habe ich mein irdisches Wirken beendet, es war hohe Zeit. Doch, doch, mein liebes Kind, jetzt kommt der Tod.«

Von Beruf war er ein Universalgenie: **Leonardo da Vinci** (†1519) hatte eine Ausbildung als Maler und Bildhauer absolviert, doch sein Interesse galt eher den technischen Künsten wie der Architektur und den Naturwissenschaften. Von seinen Bildern hat er wenige vollendet, viele kamen über die Vorzeichnung nicht hinaus. In seinen theoretischen Schriften erwies sich Leonardo als visionärer Forscher, der sich mit Flugapparaten oder der Entstehung von Fossilien beschäftigte. Die Vielseitigkeit seiner Interessen verhinderte letzten Endes die Konzentration auf ein konsequent betriebenes Teilgebiet seiner Arbeiten, die fast alle Fragmente blieben. Er hat dies in der Stunde seines Todes selbst erkannt und bereut: »Ich habe Gott und die Menschen beleidigt, weil meine Werke nicht so gut geworden sind, wie sie sein könnten.«

Der König von Sparta, **Leonidas** (†480 v. Chr.), stellte sich mit seinen Truppen in der Schlucht von Thermopylai dem Heer des persischen Königs Xerxes entgegen. Xerxes allerdings teilte seine Streitkräfte und griff Leonidas von beiden Seiten der Schlucht an. Leonidas erkannte die Aussichtslosigkeit seiner Lage, gab den verbündeten Truppenteilen Gelegenheit zur Flucht und verteidigte seine Stellung mit dreihundert

Spartiaten, die vor ihrem Untergang dem Perserkönig noch erhebliche Verluste zufügten. Am Morgen vor der Schlacht ließ Leonidas Brote verteilen und sagte ahnungsvoll zu seinen Soldaten: »Zu Abend essen werden wir bei Pluto in der Unterwelt.«

Der italienische Dichter **Giacomo Leopardi** (†1837) entstammte einer stolzen Adelsfamilie, die weder für seine literarischen Interessen noch für seine Homosexualität Verständnis zeigte. Nach seiner Flucht aus dem Elternhaus lebte er bei Freunden und versuchte, als Übersetzer Geld zu verdienen. Seine Gedichte sprechen vom Leiden am Leben, von der vergeblichen Suche nach Verständnis. Mit seinem Freund Ranieri zog er nach Neapel, wo er in den Armen des Freundes starb: »Ich kann dich nicht mehr sehen ...«

Die Pariser Salondame **Julie de Lespinasse** (†1776) war der ebenso schöne wie geistreiche Mittelpunkt der abendlichen Zusammenkünfte bei Madame du Deffand, als deren Gesellschafterin sie angestellt war. Aus Eifersucht auf Julies Attraktivität kam es zum Bruch, aber die verstoßene Julie eröffnete sofort ihren eigenen Salon, in dem alle berühmten Männer der Stadt zu Gast waren. Die Vielgeliebte starb unverheiratet mit der Frage: »Bin ich noch am Leben?«

Den Deutschen hat **Gotthold Ephraim Lessing** (†1781) mehr gegeben als sie ihm, doch er wußte, daß von ihnen kein Dank zu erwarten war. Rastlos wirkte er als Kritiker und Schriftsteller, um eine deutsche Nationalliteratur zu begründen, mußte aber am Ende einen Brotberuf als Bibliothekar annehmen. Sein ökonomisches Heil suchte er vergebens in der Lotterie. Nach dem Tod seiner Frau verfiel er; eine Art Schlafsucht überkam ihn auch im Kreis seiner Freunde. Am letzten Tag zwang er sich, einige Bekannte zu sehen, die sich bei ihm eingefunden hatten; er grüßte noch und starb mit zweiundfünfzig Jahren in den Armen eines Lotterieagenten mit dem Wort: »Zweiundfünfzig«.

Der amerikanische Schriftsteller **Sinclair Lewis** (†1951) erhielt 1930 den Nobelpreis für Literatur, was ihm in seiner Heimat nie verziehen wurde. Lewis schrieb nämlich Romane, die mit psychologisch-realistischen Stilmitteln das öde Leben der amerikanischen Mittelklasse zum Thema hatten und deshalb von seinem Verlag entschuldigend als Satiren ausgegeben wurden. Noch heute sind Figuren wie »Babbitt« (1922) unsterbliche Prototypen des Spießertums. Lewis starb in Rom, mit sich und der Welt zufrieden: »Ich bin glücklich. Gott segne euch alle.«

Der deutsche Dichter **Detlev von Liliencron** (†1909) strebte eine Karriere im preußischen Militärdienst an, wurde aber wegen Überschuldung aus der Armee entlassen. Vor der Schande floh er nach Amerika, wo er sich erfolglos als Pianist und Sprachlehrer betätigte. Nach seiner Rückkehr war er zunächst Gesangslehrer, ging dann aber als Vogt der Insel Pellworm in den Verwaltungsdienst, aus dem er erneut wegen Schulden entlassen wurde. Von nun an lebte er als Schriftsteller, über Wasser gehalten durch einen Ehrensold des Kaisers Wilhelm II., dem Liliencrons Balladen besonders imponiert hatten. An seinem letzten Tag halluzinierte er vor Erschöpfung: »Ich sehe immer Alexanderzüge da in der Stuckborte, Alexanderzüge und Geschichten von fremden Sternen ... Wenn ich nur endlich schlafen könnte!«

Vermutlich lachte Al Capone über den tödlichen Irrtum von **Jake Lingle** (†1930), bevor er ihn erschoß. Im Grunde erlag Lingle einer Berufskrankheit. Er hatte als Journalist seinen Einfluß in Chicago überschätzt und starb nach den Worten: »Ich bestimme den Bierpreis in dieser Stadt!«

Die bedeutendste Leistung des amerikanischen Lyrikers **Henry Longfellow** (†1882) ist eine Übersetzung von Dantes »Göttlicher Komödie«. Seine eigenen Balladen und Gedichte entsprachen zu sehr dem Geschmack eines bürgerlichen pietistischen Publikums, so daß sie, einstmals hoch gerühmt, heute zutiefst vergessen sind. Einzig das Epos »Der Sang von Hiawatha« (1855) sichert dem Poeten ein Überleben in Literaturgeschichten. Mit seiner Familie hatte sich Longfellow

Ludwig XIII.

überworfen; deshalb erschrak er, als seine Schwester am Krankenbett erschien: »Jetzt weiß ich, daß ich wirklich ernsthaft krank bin, sonst hätte man nicht nach dir geschickt.«

Die Legenden um den Tod des Bayernkönigs **Ludwig II.** (†1886) besagen, er sei ermordet worden. Solange die Familie der Wittelsbacher sich weigert, seinen Sarg von einem Gerichtsmediziner öffnen zu lassen, können Hobbyforscher behaupten, der König sei weder geisteskrank gewesen, noch sei er ertrunken, sondern sein Begleiter von Gudden hätte ihn im Auftrag finsterer Mächte, also der Preußen, erschossen. Wahr ist immerhin, daß Bismarck mit Ludwigs Hilfe die Kaiserproklamation 1871 durchsetzte und dem bankrotten Bauherrn dafür eine geheime finanzielle Unterstützung zum Weiterbau seiner Schlösser gewährte, die mit Ludwigs Tod erlosch. Das Geld konnte nun für die reichsdeutsche Armee verwendet werden. Bewahrheitet haben sich jedenfalls Ludwigs letzte Worte: »Ein Rätsel wird auf ewig euch verbergen, wer ich bin.«

Einer der unbedeutendsten Könige Frankreichs war **Ludwig XIII.** (†1643), ein Spielball seiner Mutter Maria von Medici und später Richelieus, der ihn benutzte, um die Rechte des Parlaments einzuschränken. Er starb mit dreiundvierzig Jahren, ohne große Spuren in der Geschichte zu hinterlassen. Auf seinem Sterbebett ließ er den fünfjährigen Dauphin zu sich kommen und fragte ihn im Scherz, wie er denn heißt – das Kind antwortete: »Ludwig der Vierzehnte!« Da stöhnte der

Ludwig XIV.

Sterbende auf, winkte das Kind hinweg, drehte sich zur Seite und protestierte vergeblich: »Noch nicht! Noch nicht!«

Mit keinem anderen König hat sich Frankreich so sehr identifiziert wie mit **Ludwig XIV.** (†1715), der vor allem mit der Repräsentation seiner Macht beschäftigt war, wie sie in dem monumentalen Schloß von Versailles zum Ausdruck kam. Er war der Herrscher Europas und ein Freund der schönen Künste. Racine pflegte in seinen Tragödien stets einige kleine Fehler im Versmaß einzubauen, damit sie der König wohlwollend verbessern konnte. Doch in seinen letzten Jahren mußte er erleben, wie seine Macht verfiel. Nach dem Tod seiner spanischen Gattin hatte er eine geheime zweite Ehe mit der Frömmlerin Madame de Maintenon geschlossen, an deren Seite er stumpfsinnig dahindämmerte. Zuweilen unterbrach er geistesabwesend ihre geistlichen Reden mit der Floskel: »Damals, als ich noch König war ...« Als er den Tod nahen fühlte, ließ er noch einmal das Orchester aufspielen, dann brachte man ihn zu Bett. Die Maintenon schluchzte und weinte, daher sagte er großmütig zu ihr: »Verlassen Sie mich, Madame. Ich weiß, wie sehr Ihr gutes Herz bei dem Schauspiel meines Sterbens leidet. Ich hoffe, es wird bald zu Ende sein.« Sie wollte gehen, aber er hielt im Abschied ihre Hand fest: »Ihre Anteilnahme tut mir gut.«

Der protestantische Reformator **Martin Luther** (†1546) fürchtete sich vor dem Tod und davor, was ihn dann erwarten würde. »Mir ist sehr wehe und angst, ich fahre dahin«, jammerte er, aber dann bat er in einem Gebet, Gott möge seine Seele zu sich nehmen, und sagte als letztes, die Hände über der Brust faltend: »In deine Hände befehle ich meinen Geist.«

M von Machiavelli bis Musset

Der Name des Diplomaten und Historikers **Niccolò Machiavelli** (†1527) wird heute gemeinhin mit einem einzigen Werk in Verbindung gebracht – mit der an Lorenzo de Medici gerichteten Denkschrift »Il Principe« (1513). Darin wird ein Herrscher geschildert, der ohne Rücksicht auf herkömmliche Moralbegriffe seine Regentschaft ausschließlich auf die konsequente, taktische Berechnung stützt. Der junge preußische Kronprinz Friedrich hielt diese Schrift für so gefährlich, daß er einen »Antimachiavell« schrieb, bis er selbst zur Regierung kam und als Friedrich der Große genau den Prinzipien des »Principe« folgte. Mit dem neuzeitlichen Verdikt über dieses Werk gerieten alle übrigen Verdienste Machiavellis in Vergessenheit, seine historischen Schriften ebenso wie die Komödien, von denen »La Mandragola« als das originellste Lustspiel der Renaissance galt. Nachdem er ein Opfer der Mediceischen Machtpolitik geworden war, zog sich Machiavelli auf sein Gut nahe Florenz zurück. Sein letzter Wunsch unterstreicht die Modernität seines Intellekts: »Ich will in die Hölle und nicht in den Himmel, da treffe ich nur Bettler, Mönche und Apostel. In der Hölle habe ich die Gesellschaft von Päpsten, Prinzen und Königen.«

Der belgische Schriftsteller **Maurice Maeterlinck** (†1949) zu einem Freund: »Für mich ist das ganz normal. Um dich mache ich mir Sorgen.«

Gustav Mahler (†1911) war nicht nur Komponist, sondern auch Dirigent, und als solcher starb er mit der Sorge: »Wer wird sich jetzt um Schönberg kümmern?«

In dem Prozeß Ludwigs XVI. vor dem Konvent machte sich der ehemalige Innenminister **Chrétien de Malesherbes** (†1794) unaufgefordert zum Verteidiger des Königs, durfte jedoch sein vorbereitetes Plädoyer nicht halten. Statt dessen wurde er selbst der Verschwörung bezichtigt und hingerichtet. Auf dem Weg zur Guillotine stieß er an einen Stein, stolperte und seufzte: »Oh, das ist ein schlechtes Omen. Ein Römer wäre jetzt umgekehrt.«

Nichts verabscheute der französische Dichter und Kritiker **François de Malherbe** (†1628) mehr als verlogenen Sprachpomp. Er legte Wert auf Einfachheit und Präzision, auf einen harmonisch durchkomponierten Stil und auf die Zurückhaltung der Gefühle. Leider entsprach der Priester, der Malherbe auf dem Totenbett den letzten Trost zusprach, in keiner Weise diesen Vorgaben. Malherbe unterbrach ihn wütend: »Halten Sie endlich den Mund. Ihr elender Stil widert mich an!«

Thomas Mann (†1955) wurde über den Ernst seiner letzten Krankheit von seiner Frau und den Ärzten absichtsvoll getäuscht: Es wäre, hieß es offiziell, eine Venenentzündung im linken Bein, doch es handelte sich um eine Thrombose aufgrund der völligen Verkalkung der Arterien, die schließlich brüchig wurden und Blut in das Gewebe abgaben. Thomas Mann hat davon nichts bemerkt; er starb in der Gewißheit, auf dem Weg zur Genesung zu sein. Nach mehreren Morphiuminjektionen scherzte er noch mit dem Arzt, den er auf Englisch und Französisch ansprach, und verlangte zuletzt nach seiner Brille. Mit der Brille in der Hand entschlief er.

Der römische Kaiser **Marcus Aurelius** (†180) wird wegen eines hinterlassenen Buches (»Ad me ipsum«) von Altphilologen, die daran interessiert sind, die Römer nicht als die mordlustigen Zyniker erscheinen zu lassen, die sie in Wirklichkeit waren, gerne als Philosoph porträtiert. Die profane Wahrheit ist, daß Marc Aurel wie jeder andere römische Kaiser ein Feldherr war, der sein Reich gegen Aufstände und Grenzverletzungen verteidigte. Er starb an der Pest, als er an der Donau die Germanen zurückdrängte. Seinen Generalen befahl er: »Ihr sollt nicht um mich weinen! Achtet drauf, daß ihr die Armee rettet! Außerdem tue ich nichts anderes, als euch voranzugehen. Also lebt wohl!«

Die heilige **Margareta aus Antiochia** (†307) ist eine der beliebtesten Fürbitterinnen in der Gruppe der »Vierzehn Nothelfer«. Standhaft hatte sie sich dem Befehl des Präfekten widersetzt, dem christlichen Glauben abzuschwören. Öffentlich wurde sie ausgepeitscht, und man riß ihr mit eisernen Kämmen das Fleisch vom Leibe, doch sie blieb standhaft. Im Kerker erschien ihr ein gräulicher Drache, der sie verschlingen wollte, aber sie rang ihn nieder. Am nächsten Tag wurde sie erneut mit glühenden Fackeln gefoltert, die sie aber nicht verletzten. Da befahl der Richter, sie zu enthaupten, und Margareta forderte ihren Henker auf: »Zieh dein Schwert und schlage zu!«

Die Kaiserin **Maria Theresia** (†1780) ahnte ihren Tod. Sie konnte vor Schmerzen nicht mehr gehen; als sie in ihrem Schlafgemach von einem Sessel aufstand, brach sie an der Bettkante zusammen. Ihr Sohn Joseph bemühte sich, sie bequem hinzulegen mit den Worten: »Euer Majestät liegen schlecht.« Sie antwortete noch: »Ja, aber zum Sterben gut genug.«

Die französische Königin **Marie-Antoinette** (†1793) trat auf dem Schafott dem Scharfrichter auf den Fuß und sagte, ihrer Erziehung gemäß: »Ich bitte um Verzeihung, mein Herr.«

Nach dem Krebstod seiner Frau war der Schriftsteller **Karl Marx** (†1883) ein gebrochener Mann; nach dem Tod seiner ältesten Tochter Jenny war jeder Lebenswille erloschen. Seine diversen Krankheiten übermannten ihn. Friedrich Engels kam zum letzten Besuch, Marx dämmerte in seinem Lehnstuhl, und der Freund fragte ihn, ob er der Nachwelt noch etwas sagen wollte. Da wurde Marx noch einmal so grob wie zu seinen besten Zeiten: »Geh raus, verschwinde! Letzte Worte sind etwas für Narren, die zu Lebzeiten nicht genug gesagt haben!«

Der New Yorker Revolverheld **William Masterson** (†1921) konnte vor seinem Tod gerade noch rechtzeitig die Essenz seiner Lebenserfahrung an den »Morning Telegraph« weitergeben: »Ich habe herausgefunden, daß wir alle in unserem Leben denselben Vorrat an Eis bekommen: Die Reichen im Sommer, die Armen im Winter.«

Eine holländische Tänzerin mit dem Künstlernamen **Mata Hari** (†1917) wurde in Frankreich verhaftet und zum Tode verurteilt, weil sie für Deutschland Spionage betrieben haben soll. Der Fall ist ungeklärt und ließ deshalb für glamouröse Spekulationen freien Raum, zumal die Dame sich angesichts des nahen Todes nahezu frivol verhielt: Sie ließ sich vom Offizier des Exekutionskommandos einen Spiegel reichen, puderte sich und sagte höflich: »Danke, Monsieur«.

Der amerikanische Geistliche **Cotton Mather** (†1728) gehörte zu den puritanischen Predigern, die ihren Zuhörern angst vor dem Tod machten, falls das Leben nicht absolut gottgefällig geführt worden war. Aus diesem heimlichen Grund hatte Mather selbst berechtigte Angst, doch in seiner letzten Minute verflog sie: »Das ist Sterben, das ist alles? Davor hatte ich Angst? Das halte ich aus ...«

Auf offener Straße ließ sich der Schriftsteller **Karl May** (†1912) in tückischer Märzkälte nach einem Vortrag von seinen begeisterten Bewunderern feiern und zog sich dabei eine lebensgefährliche Erkältung zu. Seine letzten Tage verbrachte er in seiner Villa im Fieberwahn und rief zuletzt mit einem verklärten Lächeln: »Sieg, großer Sieg! Ich sehe alles rosenrot!«

In den besten Zeiten der amerikanischen Mafia gehörte der Tod zum alltäglichen Berufsrisiko und wurde mit Lakonie hingenommen. Der irische Gangster **Tom McClancy** (†1924) starb durch die Kugeln eines italienischen Kollegen aus dem Al Capone-Clan und fand noch Zeit für die verächtlichen Worte: »Blaue Bohnen mit Knoblauch!«

Die Weimarer Republik lieferte dem deutschen Schriftsteller **Walter Mehring** (†1981) das Material für seine ironisch-aggressiven Gedichte und Lieder, die auf allen Bühnen gesungen wurden. Mehring war der beliebteste Kabarettexter und Liederdichter jener Zeit; seine Werke sind zum alsbaldigen Verbrauch bestimmt gewesen und gelten heute als die klassischen Texte zum Verständnis der Weimarer Republik. Er war der Nonkonformist und Linksintellektuelle par excellence, auch im französischen Exil, aus dem er in die USA floh. Nach seiner Rückkehr blieb er »staatenlos im Nirgendwo«; die letzte Zeit verbrachte er in einem Pflegeheim in Zürich. Unzufrieden mit dem Personal, lästerte er bis zuletzt: »Die Spießer werden immer jünger.«

An seinem Todestag ließ sich der Reformator **Philipp Melanchthon** (†1560), der Freund und tatkräftige Helfer Luthers, seine Lieblingsstellen aus der Bibel vorlesen. Darüber entschlummerte er, schlug noch einmal die Augen auf und antwortete auf die Frage, ob er noch etwas begehre: »Nichts als den Himmel.«

Der belgische Kardinal **Joseph Mercier** (†1926) ließ das gesamte Ritual über sich ergehen, legte sich zurück und sagte: »Jetzt können wir nichts mehr tun – außer warten.«

Die Romane des englischen Autors **George Meredith** (†1909) waren bereits für seine Zeitgenossen eine stilistische Zumutung, da in ihnen die Handlung von ständigen Reflexionen und Einschüben des allwissenden Erzählers gleichsam überwuchert wird. Hält man sich jedoch als Leser nur an den Handlungsverlauf, macht man Bekanntschaft mit einigen höchst modernen weiblichen Charakteren, die sehr unkonventionell ihre eigenen Rechte einfordern. Meredith war offenbar kein autoritärer Charakter; er berücksichtigte noch bis zuletzt die Meinungen mehrerer Ärzte: »Ich fürchte, Sir Thomas hält meinen Fall für aussichtslos.«

Tennessee Williams besuchte seinen langjährigen Sekretär **Frank Merlo** (†1963) am Sterbebett und fragte ihn, ob er ihn jetzt wirklich für immer verlassen würde. Der treue Merlo tröstete seinen Arbeitgeber: »Aber nein, ich habe mich doch so an Sie gewöhnt.«

Im Alter von fast neunzig Jahren starb **Michelangelo Buonarroti** (†1564) kurz vor der Vollendung der Kuppel des Petersdoms, mit dessen Bau er zwanzig Jahre zuvor begonnen hatte. Zur gleichen Zeit leitete er auch den Bau der Kirche Santa Maria degli Angeli, der Porta Pia, die Gestaltung des Kapitols und des Hofes am Palazzo Farnese mit seinen drei übereinander angeordneten Säulenreihen. Die Bildhauerei hatte er ebenso wie die Freskenmalerei im Alter aufgeben müssen, weil sein Körper diesen Anstrengungen nicht mehr gewachsen war. Er starb bei klarem Bewußtsein im Kreis seiner Angehörigen und Schüler, die er zur Vollendung seiner Werke aufforderte und schloß sein Leben mit den Worten:

»Meine Seele überlasse ich Gott, meinen Körper der Erde und meine weltlichen Güter meinen nächsten Verwandten.«

Mit etwa vierzig Jahren bekam der arabische Kaufmann **Mohammed** (†632) nach eigenen Angaben göttliche Befehle, sammelte eine Schar Anhänger um sich, meist sozial Randständige, und begann mit der Verkündigung der uns als Koran bekannten Heilslehre. Er zog nach Mekka und Medina, verdrängte konkurrierende Propheten und gründete einen eigenen, auf den Gesetzen des Koran beruhenden islamischen Staat. Er selbst verstand sich nur als Prophet eines Gottes; später wurde ihm annähernd göttliche Verehrung zuteil. Sterbend rief er: »Allah stehe mir bei in meinem Todeskampf!«

Der französische Schriftsteller und Schauspieler **Jean-Baptiste Molière** (†1673) kränkelte schon selbst, als er die Komödie »Der eingebildete Kranke« schrieb und mit großer Mühe auch ihre Aufführung vorantrieb, in der er nach allen zeitgenössischen Berichten meisterhaft den Argan spielte. Noch am letzten Abend seines Lebens stand er in dieser Rolle auf der Bühne, bewältigte sie nur unter großen Schmerzen und brach nach dem letzten Vorhang bewußtlos zusammen. Man brachte ihn in seine Wohnung, wo ihn ein Blutsturz überfiel – seine Frau eilte nach einem Arzt und überließ Molière der Obhut zweier Nonnen, die zufällig im Haus übernachteten und nun unentwegt beteten. Im Lehnstuhl lag der blutüberströmte Molière, vom Todesfieber geschüttelt, und er sprach in die Litanei der Nonnen einen Satzfetzen aus seiner Rolle: »Du hast es so gewollt, George Dandin!«

Wegen des Mordes an seiner Frau und seinen drei Kindern war **Luis José Monge** (†1967) zum Tode verurteilt worden. Als er die Gaskammer des Staatsgefängnisses von Colorado betrat, scherzte er: »Das Gas wird doch nicht schädlich für mein Asthma sein, oder?«

Erst nach dem Tod von **Lady Montagu** (†1762) erschienen ihre Briefe im Druck, die sie aus dem Orient an ihre Freunde in England geschrieben hatte. Drei Jahre lang hatte sie als Gattin des britischen Konsuls in Konstantinopel den Vorderen Orient bereist und darüber berichtet. Nach ihrer Rückkehr nach England sammelte sie auf ihrem Landsitz die wichtigsten Schriftsteller ihrer Zeit um sich, zog aber dann nach Italien, wo sie bis kurz vor ihrem Tod blieb. Ihr abenteuerreiches Leben resümierte sie auf dem Sterbebett mit britischem Understatement: »Es war alles sehr interessant.«

Die italienische Ärztin **Maria Montessori** (†1952) promovierte als erste Frau 1896 in Rom zur Medizinerin und wurde 1900 als Professorin an die dortige Universität berufen. Ihre Karriere steht in erheblichem Widerspruch zu den nordeuropäischen Vorstellungen über eine vom Katholizismus geprägte, frauenfeindliche Männergesellschaft besonders in Italiens akademischen Kreisen. Montessori war eine Vorkämpferin der Frauenemanzipation und setzte sich vehement für die Abschaffung der Kinderarbeit ein. Sie gründete 1907 das erste Kinderheim für 3–6jährige Arbeiterkinder und beschäftigte sich seither vor allem mit den kindlichen Entwicklungsstufen. Ihre daraus entwickelte Pädagogik führt über Vorschuleinrichtungen zu eigenen Schulen, in denen der kontrollierten Selbstentfaltung der Kinder Rechnung getragen werden soll. Sie starb mit der erstaunten Frage: »Werde ich nicht mehr gebraucht?«

In der Schlacht von St. Denis wurde der französische Adlige **Duc de Montmorency** (†1567) tödlich verwundet. Man wollte den greisen Mann, der drei Königen seines Landes als Krieger und Diplomat gedient hatte, vorsichtig auf das Ende vorbereiten, doch er wies jede Hilfe zurück: »Denkt ihr, daß ein Mann, der siebzig Jahre zu leben wußte, jetzt nicht auch eine Stunde zu sterben weiß?«

Der legendäre amerikanische Trick- und Taschendieb **Thomas B. Moran** (†1971), dessen Kariere als Vorlage für mehrere Filmkomödien diente, starb verbittert: »Niemals werde ich diesem Scheißkerl von Reporter vergeben, der mich ›Butterfinger‹ genannt hat – ich finde das nicht komisch.«

Der englische Staatsmann und Schriftsteller **Sir Thomas More** (†1535) schuf mit seinem Roman »Utopia« (1516) das Vorbild für die literarische Gattung der utopischen Schriften, die von idealen Staaten handeln. Als Großkanzler Heinrichs VIII. verlor er dessen Gunst, als er sich weigerte, die nach katholischem Recht unmögliche Scheidung des Königs von Katharina von Aragonien anzuerkennen. Daraufhin ließ ihn Heinrich VIII. gefangennehmen und enthaupten. Zum Scharfrichter sagte der gläubige Katholik gefaßt: »Du wirst mir nun den größten Dienst leisten, den ein Mensch mir erweisen kann. Nimm deinen Mut zusammen und fürchte dich nicht! Mein Hals ist nämlich sehr kurz; paß auf, daß du nicht danebenschlägst – immerhin geht es um deine Ehre!«

Der australische Buschräuber **Daniel Morgan** (†1865), der nie einem seiner zahlreichen Opfer auch nur die geringste Überlebenschance gegeben hatte, verfiel auf die sonderbare Idee, an die Fairneß der Polizisten zu appellieren, die ihn gestellt hatten und die seine Frage dann konsequent mit ihren Mitteln beantworteten: »Warum gebt ihr mir keine Chance, anstatt mich hier abzuknallen?«

Im Herbst 1791 erschien bei dem Komponisten **Wolfgang Amadeus Mozart** (†1791) ein hagerer, grau gekleideter Herr, der ein Requiem in Auftrag gab. Ein Name wurde nicht genannt, das Honorar sofort gezahlt. Mozart, der schon leidend und voller Todesahnung war, machte sich mit großem Ernst an die Arbeit, weil er darin eine Botschaft des Himmels sah. Der Tod holte ihn ein; noch auf dem Sterbebett sang er einzelne Partien vor, die er noch nicht instrumentalisiert hatte. Gefragt, wie er sich fühle, gab er zur Antwort: »Der Geschmack des Todes ist auf meiner Zunge. Ich fühle etwas, das nicht von dieser Welt ist.«

Der erfolgreichste Mörder des 19. Jahrhunderts war vermutlich der Amerikaner **Herman Mudgett** (†1896). Er wurde gehängt, weil er ca. zweihundert Frauen umgebracht haben sollte. Er arbeitete als Heiratsschwindler, kassierte die Ersparnisse der Damen und killte sie – was er allerdings bis zum Ende heftig bestritt: »Gott ist mein Zeuge, ich bin nur verantwortlich für den Tod von zwei Frauen.«

Der französische Gastwirtsohn **Joachim Murat** (†1815) war der fähigste Soldat Napoleons und brachte es zu den höchsten Ehren. Nach den Siegen von Austerlitz und Jena nahm er Madrid, wurde aber nicht König von Spanien, sondern erhielt das Königreich Neapel. Als Napoleon von Elba zurückkehrte, begann Murat einen Krieg gegen Österreich, wurde jedoch geschlagen und füsiliert. Dem Erschießungskommando rief er zu: »Soldaten, tut eure Pflicht! Zielt auf das Herz, aber verschont das Gesicht!«

Der Weltschmerz gab dem französischen Dichter **Alfred de Musset** (†1857) die elegischsten, elegantesten und ironischsten Verse der Romantik ein, und wenn der Weltschmerz nicht reichte, half sich Musset mit einer Frau: Zwei Jahre lang ließ er sich von George Sand quälen und litt die nächsten fünf Jahre mit größter Produktivität. Was die Sand nicht geschafft hatte, vollendete der Absinth. Musset, der ein Liebling der Salons gewesen war, zog sich aus der Society zurück, suchte die nächtliche Gesellschaft des Alkohols und schrieb; die Tage verdämmerten ihm. So ging es siebzehn Jahre lang, bis Musset sich aufgebraucht hatte. Sein Bruder war bei ihm, als er mitten im Gespräch sich auf seinem Lager aufrichtete, die Hand aufs Herz legte und in sich hinein hörte mit einem Ausdruck von Überraschung und Befremden im Gesicht. Der Bruder fragte ihn, ob er Schmerzen habe, aber Musset verneinte. Dann legte er den Kopf auf das Kissen und sagte: »Schlafen! Endlich werde ich schlafen!«

N
von Narvoéz bis Nero

Den spanischen Freiheitskämpfer **Ramón Narvoéz** (†1868) klärte der Priester auf, er müsse, um ins Himmelreich zu gelangen, auch seinen Feinden vergeben. Der General antwortete wahrheitsgemäß: »Das ist nicht nötig, ich habe sie alle umbringen lassen.«

Als Sohn irischer Schauspieler, die von Stadt zu Stadt zogen, verbrachte **Eugene O'Neill** (†1953) eine unstete Kindheit. Er machte eine typisch amerikanische Karriere: vom Verkäufer, Seemann, Lokalreporter zum Nobelpreisträger für Literatur (1936). In seiner Sterbestunde konnte er allerdings keinen Fortschritt erkennen: »Geboren in einem Hotelzimmer – und verdammt noch mal, gestorben in einem Hotelzimmer.«

Der Admiral **Horatio Nelson** (†1805) ist noch heute der populärste Seeheld der britischen Geschichte. Man schätzt vermutlich besonders die Fairneß, mit der Nelson den Verlust eines Auges (1794) und des rechten Arms (1798) im Seekrieg gegen die Franzosen durch die vollständige Vernichtung der französischen Flotte in der Seeschlacht bei Abukir ausglich.

Anrührend war auch sein oftmals geschildertes Verhältnis zu Lady Emma Hamilton, der Gattin des britischen Gesandten in Neapel. Die Herzen der Nation gewann er durch einen Sieg über die spanische Flotte in der Schlacht von Trafalgar, und ewig wird zum britischen Zitatenschatz Nelsons letzter Befehl gehören, als der, während dieser Schlacht von einer feindlichen Kugel in die Brust getroffen, seinem Stabsoffizier zurief: »Küßt mich, Hardy!«

Kaum eine Untat gibt es, die dem römischen Kaiser **Nero** (†68) nicht angelastet worden ist. Entlastend kann vielleicht angeführt werden, daß er aus einem problematischen Milieu kam und eine schwere Jugend hatte. Seine Mutter Agrippina ließ ihn durch ihren Gatten Claudius adoptieren (vorher trug er den wenig wohlklingenden Namen Anenobarbus). Der Gatte wurde dann ermordet, Nero im zarten Alter von sechzehn Jahren mit dessen Tochter Octavia verheiratet und von Agrippina auf den Kaiserthron gebracht, während sie selbst zusammen mit seinen Erziehern die Regierungsgeschäfte in die Hand nahm. Der vor allem musisch begabte Nero wußte sich gegen die ständige Bevormundung durch seine Mutter nicht anders zu wehren, als sie ermorden zu lassen. So verfuhr er auch mit einem seiner Erzieher und mit der ungeliebten Gattin Octavia. Sein Lehrer Seneca zog sich vom Hof zurück, und Nero mußte nun allein regieren, obwohl er viel lieber Sänger oder Schauspieler geworden wäre. Einen willkürlich gegen ihn gerichteten Verdacht, er hätte einige Stadtteile Roms niederbrennen lassen, lenkte er gegen die Sekte der Christen, was seinem Nachruhm erheblich schadete.

Nero

Mißerfolge seiner Politik in Gallien und Spanien führten zu einer Palastrevolution und zu einer Verurteilung Neros durch den Senat zum Selbstmord. Als Ästhet weigerte er sich, die weißen Marmorböden seines Palastes mit Blut zu besudeln, deshalb mußte ihm sein Sekretär den Dolch in den Hals stoßen. Der unglückliche Nero weinte und beklagte die verpaßten Chancen seiner einunddreißig Jahre: »Welch ein Künstler geht mit mir dahin!«

O
von Oates bis Oscar

Der Antarktisforscher **Lawrence Oates** (†1912) gehörte zu den Opfern der Südpol-Expedition von Robert Scott. Da seine Gliedmaßen in dem andauernden Schneesturm erfroren waren, konnte er kaum noch gehen und bat seine Gefährten, die am nächsten Tag wieder aufbrechen wollten, ihn allein zurückzulassen. Als sie ihm diese Bitte abschlugen, nahm er seine letzten Kräfte zusammen und ging hinaus in den Sturm mit den Worten: »Ich gehe und werde vermutlich eine Weile fortbleiben.«

Die englische Schauspielerin **Anne Oldfield** (†1730) beobachtete vom Sterbelager aus die Vorbereitungen ihrer Dienerin und gab ihr letzte Anweisungen: »Nicht dieses wollene Tuch, holen Sie meine kostbarsten Spitzen, mein edelstes Leinen! Und vor allen Dingen, sparen Sie nicht mit dem Puder! Den Gedanken, häßlich zu sein, halte ich nicht aus, auch wenn ich tot bin.«

Der spanische Schriftsteller **José Ortega y Gasset** (†1955) war der prominenteste Intellektuelle, der aus Protest gegen Franco bei Ausbruch des Bürgerkriegs das Land verließ. Da

Oskar II:

seine Schriften nicht verboten waren, blieb sein Einfluß auf die republikanische Opposition ungebrochen. Er konnte nach 1945 in sein Heimatland zurückkehren und blieb politisch unbehelligt. Seine scharfsinnigen Essays waren allerdings ein Ärgernis für die Kirche, die ihn noch in seinen letzten Stunden bedrängte, um ihn endlich zu bekehren. Verärgert stöhnte er: »In diesem Land kann man nicht mal in Frieden sterben.«

Der schwedische König **Oskar II.** (†1907) war ein großer Freund der Bühne. Daher verfügte er mit seinem letzten Satz: »Sie sollten nicht die Theater schließen meinetwegen!«

P *von Paetus bis Puschkin*

Als die Verschwörung des **Caecina Paetus** (†42) gegen den römischen Kaiser Claudius aufflog, wurde Paetus zum Selbstmord verurteilt; er zögerte jedoch, sich umzubringen. Da nahm seine Frau Arria den Dolch, stieß ihn sich ins Herz, zog ihn heraus und reichte ihn ihrem Mann mit der, wie Nietzsche schrieb, »heiligen Lüge«: »Es tut nicht weh, Paetus«.

Seinerzeit galt der italienische Geigenvirtuose **Niccolò Paganini** (†1840) als die Verkörperung des Unheimlichen. Seine düstere, hagere Gestalt und sein abweisendes Wesen in Verbindung mit einer schier unbegreiflichen Fähigkeit, der Geige nie zuvor gehörte Klänge entlocken zu können, führten zu der einfachen Erklärung, er hätte seine Seele dem Teufel verpfändet. Bestärkt wurde diese Legende durch die rasch verbreitete Geschichte seines Sterbens: Da seine Freunde wußten, daß Paganini antiklerikal war, schickten sie ihm einen Priester, der sich als Bewunderer ausgab und scheinbar harmlos fragte, was denn in jener Geige stecke, die so wunderbare Töne hervorbringen könnte. Paganini durchschaute das Spiel und antwortete röchelnd: »Was wohl? Den Satan enthält sie, und das sollen Sie gleich merken« – nahm das Instrument und spielte auf Knien so dämonisch, daß der Priester vor Entsetzen floh. Paganini begann zu lachen, rief ihm hinterher, das Lachen erstickte in einem Husten, der Paganini die letzten Kräfte raubte, und der Priester behielt das höhnische Lachen im Ohr: »Den Satan...«

Der britische Autor und Schauspieler **John W. Palmer** (†1798) starb auf der Bühne, nachdem er den tatsächlich zu seinem Text gehörenden Satz gesagt hatte: »Es gibt eine andere, eine bessere Welt.«

Als **William Palmer** (†1855), der vierzehn Menschen getötet hatte, zur Falltür des Galgens geführt wurde, fragte er den Henker: »Bist du sicher, daß das Ding hier funktioniert?«

Der britische Premierminister **Henry Palmerston** (†1865) hatte als Politiker alle wichtigen Ämter bekleidet. Mit 25 Jahren war er bereits Kriegsminister, danach führte er lange Jahre das Innen- und das Außenministerium. Unermüdlich setzte er sich für das Gleichgewicht der Kräfte ein und befand sich auf dem Höhepunkt seiner für England außerordentlich erfolgreichen Politik, als ihm sein Arzt eröffnete, daß er jetzt sterben müsse. Entrüstet antwortete Palmerston: »Sterben, mein lieber Doktor, das ist das letzte, was ich tun werde!«

Dem Serienmörder **Carl Panzram** (†1930) dauerte die Vorbereitung des Stricks zu lange. Er herrschte den Henker von Leavanworth an: »Jetzt beeil dich endlich, du Idiot. In der Zeit, die du hier brauchst, hätte ich ein Dutzend Männer gehenkt.«

Die amerikanische Autorin **Dorothy Parker** (†1967) war gefürchtet wegen ihres ironischen Stils, der sie in New Yorker Literaturkreisen rasch berühmt gemacht hatte. Sie schrieb Theater- und Literaturkritiken, Kurzgeschichten, Drehbücher und ging als Kriegskorrespondentin in den Spanischen Bürgerkrieg. Die große Anerkennung als Schriftstellerin blieb ihr versagt; vermutlich bezog sich ihre letzte Frage an die Freundin Beatrice Ames auf diese kollegiale Wertschätzung: »Ich will, daß du mir jetzt die Wahrheit sagst: Hat Hemingway mich wirklich gemocht?«

Der russische Dichter **Boris Pasternak** (†1960) starb verfemt auf seinem Landsitz Peredelkino bei Moskau, konnte aber den Triumph seines aus der Sowjetunion herausgeschmuggelten Romans »Doktor Schiwago« (1957) im Westen noch verfolgen. Für diese zu großen Teilen autobiographische Darstellung eines Arztes und Schriftstellers zwischen den Jahren 1904 und 1930, die nicht mit der damals offiziellen Geschichtsschreibung übereinstimmt, sollte ihm 1958 der Nobelpreis verliehen werden, den Pasternak nicht annehmen durfte. Die politisch ahnungslose Entscheidung der Nobel-

Jury, die ihren Einfluß gefährlich überschätzte, verschlechterte Pasternaks Situation in seiner Heimat drastisch. Er wurde isoliert und erhielt nach einem Blutsturz keine ärztliche Versorgung. Hilflos fragte er: »Warum muß ich verbluten?«

Die britische Sozialreformerin **Dorothy Pattison** (†1878) hatte ihr ganzes Leben und ererbtes Vermögen für den Kampf gegen die Armut eingesetzt. Am Ende wehrte sie sich gegen den Trost eines Geistlichen: »Ich habe allein gelebt, also laßt mich auch allein sterben, laßt mich allein sterben.«

Die berühmtesten drei Minuten der Ballettgeschichte haben aus der russischen Tänzerin **Anna Pawlowa** (†1931) eine Legende gemacht: Nur so kurz dauert nämlich Camille Saint-Saëns Musikstück »Der sterbende Schwan«, zu dem Michel Fokine 1905 die unsterbliche Choreographie entworfen hat. Niemand verkörperte dieses Stück so ergreifend wie die Primaballerina des Petersburger Marientheaters; es machte die Pawlowa zum Star des internationalen Tanztheaters. Mit dreißig Jahren hatte sie 1911 eigentlich ihre künstlerische Karriere bereits beendet, als sie begann, ihren Ruhm durch eigene Welttourneen in klingende Münze umzusetzen. Der langsame Abstieg währte zwanzig Jahre. Die Tragödie ihres uneingestandenen Verfalls hat Vicky Baum zu dem Roman »Menschen im Hotel« inspiriert. Bis zu ihrem Ende trat die Pawlowa mit einem abendfüllenden Programm auf, von dem das Publikum eigentlich nur die berühmten drei Minuten sehen wollte. Mit fünfzig Jahren, erschöpft von ihrem letzten großen Auftritt, starb sie hinter der Bühne: »Macht mir mein Schwanen-Kostüm fertig.«

Der russische Revolutionär **Pawel Iwanowitsch Pestel** (†1826) sollte als Führer der Dezembristen gehängt werden, aber beim ersten Versuch riß das Seil: »Idiotisches Land, wo sie nicht mal jemanden hängen können.«

Die Geliebte des italienischen Duce, **Clara Petacci** (†1945), wurde zusammen mit Mussolini verhaftet und in einem Haus am Comer See gefangengehalten. Mussolini sollte vor ein Kriegsgericht der Alliierten gestellt werden, was die italienischen Kommunisten dadurch verhinderten, daß sie ihn ohne Prozeß erschossen. Clara Petacci wurde vergewaltigt und ebenfalls erschossen. Sie hatte gerufen: »Mussolini darf nicht sterben!«

Der französische Marschall **Philippe Pétain** (†1951) schrieb ein besonders dunkles Kapitel in der Geschichte seines Landes. Seit seiner erfolgreichen Verteidigung von Verdun (1916) galt er als ruhmreicher General und wurde zum Oberbefehlshaber der französischen Armee und später zum Generalinspekteur ernannt. In dieser Position war er verantwortlich für den desolaten Zustand der Streitkräfte, die dem Einmarsch

Hitlers nichts entgegenzusetzen hatten. Da Pétain ohnehin mit der äußersten Rechten sympathisierte, schloß er nicht nur sofort einen Waffenstillstand, sondern kollaborierte auch mit den deutschen Besatzern. Wegen Hoch- und Landesverrats wurde er 1945 zum Tode verurteilt, dann aber zu lebenslanger Haft begnadigt. Er starb mit fünfundneunzig Jahren und tröstete seine Begleiter: »Weint nicht, seid nicht traurig.«

Der Vater des berühmten Spions Kim Philby, der Forscher und Orientalist **Harry St. John Philby** (†1960), starb nicht auf einer seiner Entdeckungsreisen, sondern zu Hause im Bett. Verärgert reklamierte er: »Gott, ich langweile mich!«

Der amerikanische Romancier **David Philipps** (†1911) wurde von einem Geisteskranken überfallen, der ein ganzes Magazin auf ihn abfeuerte: »Gegen zwei Kugeln hätte ich gewonnen, aber nicht gegen sechs.«

Der englische Urkunden- und Wechselfälscher **Thomas Phipps** (†1789) war zusammen mit seinem Vater, den er zu dem gleichen Geschäft überredet hatte, zum Tod durch Erhängen verurteilt worden. Vor den Stufen zum Galgen sagte der Vater: »Du hast mich hierhergebracht, dann geh auch voraus!«

Pitt

Der athenische Feldherr und Politiker **Phokion** (†318 v. Chr.) hatte wie sein Freund Platon wenig Vertrauen in die politische Vernunft seiner Landsleute: Er dachte, sie seien zur Freiheit unbegabt. Deshalb etablierte er eine Aristokratie in Athen, aber wenig später stürzte man ihn und führte die alte demokratische Verfassung wieder ein. Er wurde des Verrats angeklagt und mußte, obwohl er schon über achtzig Jahre alt war, den Giftbecher trinken. Ein Freund beklagte sein ungerechtes Schicksal, aber Phokion antwortete: »Ungerecht, doch absehbar. Es ist das Schicksal der meisten bedeutenden Männer Athens.«

Als der spanische Maler **Pablo Picasso** (†1973) im Alter von fast 92 Jahren starb, war sein Name bereits ein Synonym für die moderne Malerei des 20. Jahrhunderts. Vom Impressionismus bis zur politisch engagierten Malerei und einem späten Klassizismus blieb sein Werk eine ständige Herausforderung für seine Kritiker, über die sich Picasso stets souverän hinwegsetzte. Ein letztes Zeichen seiner Lebenslust erfuhren die Freunde, die mit Weinflaschen ans Sterbebett gekommen waren: »Trinkt auf mein Wohl! Ihr wißt, ich darf nicht mehr trinken.«

Der englische Premierminister **William Pitt d. J.** (†1806) hat sich in politischen Fragen häufig geirrt, aber auch sein Leben endete mit einer Fehleinschätzung: »Ich glaube, ich könnte jetzt eine von Bellamy's Fleischpasteten essen.«

Pius X.

Mit fast achtzig Jahren sollte Papst **Pius X.** (†1914) die Truppen des Heiligen Römischen Reiches, also auch die österreichischen Heeresteile, segnen. Er verweigerte in äußerster Erregung diesen Segen und starb nach seinem Wutanfall und den Worten: »Geht mir aus den Augen! Aus den Augen! Wir segnen niemanden, der die Welt zum Krieg provoziert!«

Der alkoholkranke Dichter **Edgar Allan Poe** (†1849) hielt in Richmond einen erfolgreichen Vortrag, verlobte sich mit seiner Jugendliebe Elvira, die er seit mehr als zwanzig Jahren nicht mehr gesehen hatte und wollte eigentlich zur Regelung seiner Angelegenheiten nach New York zurückfahren. In Baltimore jedoch scheint er in die Fänge bezahlter Stimmenjäger geraten zu sein, die im Wahlkampf bedenkenlos Passanten ansprachen und sie betrunken machten, damit sie einen Stimmzettel unterschrieben. Poe wurde ohne Gepäck und in verwahrlostem Zustand im Hinterzimmer einer Kneipe gefunden, im Delirium ins Krankenhaus gebracht und nach besten Kräften versorgt. Drei Tage lang kämpfte der erschöpfte Körper zwischen Tobsucht und Bewußtlosigkeit, doch es gab keine Rettung mehr. Poe erwachte noch einmal, wandte den Kopf zur Seite und flüsterte: »Gott helfe meiner armen Seele.«

Der englische Satiriker **Alexander Pope** (†1744) wäre längst vergessen, wenn nicht das Jugendstilgenie Aubrey Beardsley sein komisches Epos »Der Lockenraub« illustriert hätte. Im Grunde ist diese Parodie des heroischen Stils, die 1712 erschien, eine Vorarbeit zu Popes Übersetzungen des Homer, die ihn in England bekannt machten. Auf Kritik antwortete er mit scharfer Polemik, und da er sich bald mit allen überworfen hatte, erschöpfte sich sein Werk in zeitgebundenen Satiren. Als er mit 56 Jahren auf den Tod erkrankt war, wagte es sein Arzt nicht, dem streitlustigen Polemiker die Wahrheit zu sagen, sondern hatte auf jede Frage eine vermeintlich hoffnungsfrohe Antwort. Pope beschloß das Gespräch und sein Leben mit der Erkenntnis: »Dann sterbe ich also an hundert guten Anzeichen.«

Elvis Presley (†1977) mag vielleicht an Herzversagen gestorben sein, aber tot ist er deswegen keineswegs. Es gibt Dutzende ansonsten glaubwürdiger Personen, die versichern, ihn als Pizzabäcker, Autoverkäufer oder Kinokarten-Abreißer in irgendeiner amerikanischen Kleinstadt wiedererkannt zu haben. Er habe, so die Begründung für den überraschenden Berufswechsel, den Rummel um seine Person einfach satt gehabt. So unterhält er seine Fans noch heute, und es ist nur konsequent, daß sein letzter bekannter Satz lautete: »Ich hoffe, ich habe euch nicht gelangweilt.«

Über die Gründe, warum die englische Hausfrau **Mary Price** (†1738) von ihrem Ehemann mit einer Peitsche erdrosselt wurde, ist leider nichts bekannt. Ihre letzten Worte belegen, daß sie keinen schlechten Charakter hatte und ihr einziger überlieferter Fehler ihre Gutgläubigkeit war: »Lieber, mein

Lieber, um Gottes willen, wenn das deine Liebe ist, dann vertraue ich dir nie wieder!«

Bis zum letzten Tag arbeitete der seit langem bettlägerige **Marcel Proust** (†1922) an seinem großen Roman. Er wußte, daß er nur noch kurze Zeit zu leben hatte und diktierte seiner Haushälterin Céleste einige Bemerkungen über die ärztliche Hilflosigkeit, die er in den zurückliegenden Tagen selbst erlebt hatte. Dann ließ er Céleste schwören, daß sie mit all ihrer Autorität einschreiten würde, wenn ihm eine Spritze gegeben werden sollte, um sein Leben für einige Stunden zu verlängern. Als sich am Morgen des 18. November 1922 Prousts Zustand dramatisch verschlechterte, rief Céleste die Ärzte und konnte als Hausangestellte natürlich doch nicht verhindern, daß sie ihm eine Spritze gaben, die seinen Kreislauf aber nicht mehr stimulieren konnte. Céleste mußte danach das Bett ordnen, und Proust umklammerte ihr Handgelenk, zwang sie, sich zu ihm hinabzubeugen, damit sie sein Flüstern hörte: »Ach Céleste, warum haben Sie das zugelassen?«

Der kanadische Lyriker **Al Purdy** (†2000) brauchte über dreißig Jahre, bis er mit seinem Gedichtband »The Cariboo Horses« 1965 den ersehnten Durchbruch schaffte. Vorher hatte er sich mit Aushilfsjobs in Fabriken und als Bauarbeiter über Wasser gehalten, nun galt er über Nacht als Kultautor, der mit zahlreichen Preisen ausgezeichnet wurde. Sein Werk umfaßt vierzig Gedichtbände. Purdy starb mit einundachtzig

Jahren und dem Fazit: »Ich hatte ein ausgefülltes Leben; ein besseres kann ich mir nicht vorstellen.«

Die Kugel, die der russische Dichter **Alexander Puschkin** (†1837) im Duell von seinem Kontrahenten erhalten hatte, blieb im Darm stecken. Er ließ sich nach Hause fahren und beruhigte seine Frau Natalja. Auf seine Frage bestätigte ihm der Arzt, daß es keine Hoffnung auf Genesung gab. Zwei Tage lang lag Puschkin auf dem Sofa in seinem Arbeitszimmer, regelte seinen Nachlaß und empfing Besucher. Dann sagte er zu seinem Arzt: »Das Atmen fällt mir schwer. Irgend etwas drückt mich nieder.«

Q von Quijano bis Quijano

Der mexikanische Guerillero **Alfredo Quijano** (†1927) stand vor dem Erschießungskommando und bat, die Soldaten sollten näher herantreten. Sie taten es. »Noch ein bißchen näher. Good bye.«

R *von Raabe bis Rubinstein*

Bei der Beerdigung seiner Schwester im Januar 1910 hatte sich der deutsche Schriftsteller **Wilhelm Raabe** (†1910) in der Kälte des Kirchhofs einen Blasenkatarrh zugezogen, von dem er sich nicht wieder erholte. Wer ihn an seinem neunundsiebzigsten Geburtstag besuchte, fand einen ermatteten Greis, abgemagert und zusammengesunken im Lehnstuhl, um ihn herum die Lieblingsbücher aus seiner Kindheit. Im Oktober erlebte er noch die vierunddreißigste Auflage des »Hungerpastor« und beklagte sich bitter über sein Publikum, das nur seine »Kinderbücher« lese und die wichtigen Alterswerke ignoriere. Raabe verfiel körperlich; Anfang November gehorchte ihm die Feder nicht mehr. Die restlichen Tage verbrachte er auf dem Sofa liegend, das Gesicht zur Wand gedreht. In der Nacht des 14. November hörte die bei ihm wachende Tochter Elisabeth, wie der sich langsam entfernende Raabe fragte: »Ist er denn noch nicht tot?«

Das Leben des französischen Geistlichen, späteren Arztes und Schriftstellers **François Rabelais** (†1553) war ein ständiger Kampf gegen Konvention und Tradition. Als Benediktiner verstieß er gegen die Regeln seines Ordens, als Arzt wurde er von der Kirche verfolgt, weil er eine Sektion durchgeführt hatte; nur als Dichter sah Rabelais die Möglichkeit, sich eigene Regeln zu schaffen, was allerdings mit einem Verbot seines Romans »Gargantua und Pantagruel« durch die Sorbonne endete: Zu freizügig hatte Rabelais die strenge Tradition der französischen Sprache mißachtet und für sein Phantasiereich neue Wortschöpfungen erfunden. Er starb lächelnd: »Laß den Vorhang herunter, die Komödie ist zu Ende.«

Die Erfinderin des englischen Schauerromans, **Ann Radcliffe** (†1823), lebte keineswegs in romantischem Chaos, sondern als Ehefrau eines Londoner Juristen in gesicherten bürgerlichen Verhältnissen. Ihre publikumswirksamen Romane zeigen einen düster und dämonisch leidenden Helden, dessen Faszination allerdings am Ende durch die zwanghafte Erklärungssucht seiner Autorin beschädigt wird. Ann Radcliffe liebte es nicht, den Leser im unklaren zu lassen; sie war eine sehr realistisch denkende Frau, die sich allerdings irrte, als sie zuletzt etwas Suppe nahm: »Das gibt Kraft.«

Der englische Adlige **Sir James Radcliffe** (†1716) mußte als jakobitischer Rebell das Schafott besteigen. Zu seinem Scharfrichter sagte er: »Ich bin ein armer Mann. Hier sind zehn Guineen für dich. Wenn ich mehr hätte, würde ich dir mehr geben. Und jetzt wünsche ich mir, daß du deine Arbeit machst mit möglichst wenig Mitleid für mich.«

Der englische Abenteurer, Dichter und Seeräuber **Sir Walter Raleigh** (†1618) kämpfte im Auftrag Elisabeth I. gegen die spanische Seeherrschaft, saß als Opfer politischer Intrigen dreizehn Jahre eingekerkert im Tower und mißachtete bei seinem nächsten Beutezug, daß Jakob I. Frieden mit den Spaniern geschlossen hatte. Bei seiner Rückkehr ließ Jakob I. das schon 1603 verkündete Todesurteil durch das Schwert vollstrecken. Am Tag seiner Hinrichtung frühstückte Raleigh ausführlich und rauchte seine Pfeife; auf dem Weg zum Schafott sprach er mit den Menschen, die den Weg säumten. Schließlich ließ er sich vom Scharfrichter das Beil zeigen, prüfte seine Schneide, küßte es und sagte: »Das ist eine scharfe Medizin, aber sie heilt alle Übel.« Dann legte er seinen Kopf auf den Block und gab das Zeichen. Der Scharfrichter jedoch zögerte vor Respekt und Rührung. Da hob Raleigh noch einmal seinen Kopf und rief: »Was zögerst du, Mann – schlag zu, dir passiert ja nichts!«

Vielleicht wäre **Julie Récamier** (†1849) trotz des nach ihr benannten Möbelstücks nach kurzer Zeit vergessen worden, wenn nicht der berühmte Schriftsteller und wandlungsfähige Politiker François Chateaubriand zwanzig Jahre lang ihr Liebhaber gewesen wäre. Er war die Attraktion ihres Salons, nicht allein wegen seiner romantischen Romane, sondern vor allem wegen seiner politischen Beziehungen zu den Republikanern, die ihn aber nicht daran hinderten, offiziell für die Bourbonen diplomatisch tätig zu sein. Chateaubriand vereinigte in sich eine Vielzahl politischer Anschauungen; mit Madame Récamier verband ihn der Haß auf Napoleon. Er starb ein halbes Jahr, bevor auch sie in Paris von der Cholera dahingerafft wurde. Zuletzt glaubte sie zu wissen: »Wir werden uns wiedersehen.«

Als der französische Maler **Auguste Renoir** (†1919) mit fast achtzig Jahren starb, war er schon seit längerer Zeit durch Gicht gelähmt und nahezu erblindet. Dennoch waren seine letzten Worte: »Ich mache immer noch Fortschritte.«

In wenig mehr als vierzig Jahren soll **Sir Joshua Reynolds** (†1792) ungefähr zweitausend Bilder gemalt haben – für ein Bild hätte er also ungefähr eine Woche gebraucht. Die genaue Zahl seiner Bilder ist allerdings nicht bekannt, da Reynolds seine begehrten Porträts und Kinderbildnisse im Auftrag englischer Adliger malte, die Bilder in Privatsammlungen verschwanden und nie systematisch katalogisiert werden konnten. Unbestritten ist, daß Reynolds der erfolgreichste Maler seiner Zeit war. Dies war ihm auch in seiner letzten Stunde bewußt: »Ich war gesegnet mit langer Gesundheit und ständigem Erfolg. Ich darf mich nicht beklagen. Ich weiß, daß alles auf der Erde ein Ende haben muß, und jetzt ist meines gekommen.«

Mit vierzehn Jahren wurde der **Herzog von Richelieu** (†1788) standesgemäß verheiratet, ein Jahr später saß er bereits wegen zahlloser Affären für vierzehn Monate in der Bastille. Drei Jahre danach erstach er im Streit einen Grafen und mußte wieder ins Gefängnis. Kaum wieder in Freiheit, wurde er in eine Intrige gegen den König verwickelt, der Verschwörung angeklagt und erneut inhaftiert. Aber der junge Ludwig XIV. liebte diesen Draufgänger und machte ihn zu seinem Vertrauten. Seine glückliche militärische Karriere endete 1758, weil er in Hannover Plünderungen zugelassen hatte, die selbst das damalige Maß überstiegen. Er zog sich aus dem öffentlichen Leben zurück und wandte sich immer mehr den Ideen der Aufklärer zu, die eine Änderung der politischen Verhältnisse anstrebten. Er starb am Vorabend der Revolution, die er für unausweichlich hielt, mit dem leisen Spott: »Was würde wohl Ludwig XIV. dazu gesagt haben?«

Der englische Protestant **Nicholas Ridley** (†1555), der wegen Ketzerei auf dem Scheiterhaufen landete, verkannte seine Situation, als das Holz anfangs nicht richtig entflammen wollte: »Gott zeigt seine Gnade! Ich kann nicht brennen!«

Das eitle und preziöse Frühwerk des deutschen Dichters **Rainer Maria Rilke** (†1926) ließ noch nicht erkennen, welche neuen Sprachwelten sich dieser Autor erarbeiten würde. Im Leben und in seiner Kunst blieb Rilke ein Einzelgänger, ein unsteter Reisender auf der Suche nach einem Glück, das er nur in der sprachlichen Existenz fand. Eine Leukämie zehrte ihn aus, doch den Ärzten verbot er, ihm den Namen der Krankheit zu sagen oder gar von der Möglichkeit des Todes zu sprechen. Als es soweit war, sagte er zu der an seinem Bett sitzenden Freundin: »Helfen Sie mir zu meinem Tod, ich will nicht den Tod der Ärzte, ich will meine Freiheit haben. Das Leben kann mir nichts mehr geben. Ich war auf allen Höhen ... Vergessen Sie nie, Liebe, das Leben ist eine Herrlichkeit.«

Der britische Dramatiker **Thomas William Robertson** (†1871), einst berühmt für die Dialoge seiner vielgespielten Theaterstücke, nahm zuletzt von seinem Sohn Abschied: »Leb wohl, mein Sohn, und Gott segne dich. Komm morgen und sieh nach mir. Hab keine Angst, wenn ich nichts sage, und vergiß nicht, deinem Vater einen Kuß zu geben.«

Der amerikanische Filmschauspieler **Edward G. Robinson** (†1973) erfuhr im Krankenhaus aus dem Radio, daß er einen längst überfälligen Oscar für sein Lebenswerk bekommen sollte. Er überlegte noch: »Meinst du, es würde sie stören, wenn ich im Rollstuhl käme? Ich glaube nicht, daß ich das mache.«

Der amerikanische Mörder **James W. Rodgers** (†1960) wurde zur Hinrichtung vor ein Erschießungskommando geführt.

Auf die obligatorische Frage des Gefängnisdirektors nach seinem letzten Wunsch gab er die berühmte, aber folgenlose Antwort: »Eine kugelsichere Weste.«

Rose Rodin (†1917), die Frau des Bildhauers Auguste Rodin, starb in dem Bewußtsein, trotz der zahlreichen Affären ihres Mannes eine gute Ehe geführt zu haben. Ihre letzten Gedanken galten seinem weiteren Leben: »Daß ich sterbe, macht nichts, aber ich muß meinen Mann zurücklassen. Wer wird sich um ihn kümmern? Was soll aus dem armen Kerl werden?« Der 77jährige Rodin starb wenige Wochen später mit den Worten: »Und die Leute sagen, daß Puvis de Chavannes kein großer Künstler wäre.«

Die Revolutionspolitikerin **Marie Roland** (†1793) wurde von den Jakobinern verhaftet, weil man ihres flüchtigen Gatten nicht habhaft werden konnte. Sie war seine politische Beraterin. Auf die Nachricht von ihrer Hinrichtung gab sich ihr Mann in Rouen selbst den Tod. Im Anblick der Guillotine verlangte sie noch Schreibzeug, um ihre letzten Gedanken zu Papier bringen zu können, was ihr aber verweigert wurde. Dann sagte sie mit Blick auf die große Freiheitsstatue mitten auf dem Platz: »Ach Freiheit, welche Verbrechen werden in deinem Namen begangen!«

Der amerikanische Präsident **Franklin Delano Roosevelt** (†1945) war einer der erfolgreichsten und beliebtesten Politiker in der Geschichte der USA. Es gelang ihm nicht nur, die Wirtschaft aus der Depression zu führen und gleichzeitig soziale Reformen einzuleiten, sondern er koordinierte auch das militärische und diplomatische Vorgehen der Alliierten gegen Hitler und seine Verbündeten. Er starb unerwartet: »Ich habe höllische Kopfschmerzen.«

Der letzte Freund, Nachlaßverwalter und Erbe der Schulden von Oscar Wilde war **Robert Ross** (†1918), der an der spanischen Grippe starb. Er variierte scherzend den berühmten Grabspruch von Keats »Hier liegt einer, dessen Name in Wasser geschrieben war« um ein einziges Wort: »Hier liegt einer, dessen Name in warmes Wasser geschrieben war«.

Als der jüdische Bankier **Meyer Amschel Rothschild** (†1812) den Tod nahen fühlte, rief er seine fünf Söhne zu sich und gab ihnen drei goldene Regeln mit auf den Lebensweg: Sie sollten die zehn Gebote achten, sich nicht zerstreiten und bei allem, was sie tun, ihre Mutter um Rat fragen. Die Söhne befolgten diese Maximen; der älteste übernahm das Stammhaus in Frankfurt, die vier anderen gründeten selbständige Bankhäuser in London, Paris, Wien und Neapel. Es bewahrheitete sich damit, was der Vater ihnen mit seinem letzten Satz sagte: »Haltet euch an diese drei Regeln, dann werdet ihr bald zu den reichsten Männern zählen, und die Welt wird euch gehören.«

Über Nacht berühmt wurde der Schriftsteller **Jean-Jacques Rousseau** (†1778), als er die Preisfrage der Akademie von Dijon, ob die Fortschritte der Kultur die Menschheit gebessert habe, mit dem Gegenentwurf eines glücklichen, natürlichen Urzustandes des Menschen beantwortete, aus dem dieser durch die Zivilisation ins Unglück geführt worden wäre. »Zurück zur Natur«, lautete sein Programm, das auch die Rückkehr zur natürlichen Rechtsgleichheit aller beinhaltete. Von der Kirche und vom Staat verfolgt, überworfen mit allen Freunden, lebte Rousseau in größter Armut mit einer Freundin, deren fünf von ihm stammende Kinder er ins Waisenhaus abgab. Er hielt sich für einen glücklichen Menschen, nachdem er mit einem Buch voller beispiellosem Selbstmitleid (»Confessions«) eine Art Selbsttherapie gemacht hatte. Als er das Ende nahen fühlte, ließ er sich das Fenster öffnen und freute sich kindlich über das schöne Wetter: »Wie rein und lieblich ist der Himmel, keine Wolke trübt ihn. Ich hoffe, der Allmächtige nimmt mich da hinauf zu sich.«

Der Gründer des Moskauer Konservatoriums, **Nikolaus Rubinstein** (†1881), liebte die Musik und das gute Leben, vor allem letzteres: »Austern! Nichts gefällt mir besser als ein Dutzend kalte Austern und hinterher ein Eis!«

Sachsen

S *von Moritz von Sachsen bis Swift*

Eigentlich hätte **Moritz von Sachsen** (†1750) die Krone des Herzogs von Kurland gebührt, doch angesichts der russischen Armee verzichtete er auf seinen Thron. Er war der natürliche Sohn des Kurfürsten August von Sachsen und der schönen Gräfin Aurora von Königsmarck. Sein Vater hatte ihn zwar anerkannt, seinen Begabungen jedoch kein Ziel gesetzt. Also wurde der Sohn Soldat und errang im Dienst Frankreichs glänzende Siege, die ihn schließlich zum Generalfeldmarschall der gesamten französischen Armee beförderten. Hochgeehrt und allseits beliebt konnte er den erzwungenen Verzicht auf die Krone doch nie verwinden und plante insgeheim, König von Korsika zu werden oder gar die Juden nach Palästina zurückzuführen und sich zu ihrem Herrscher zu machen. Dennoch starb er zufrieden: »Ein schöner Traum geht zu Ende.«

Der literarische Wert der Werke des französischen Autors **Marquis de Sade** (†1814) steht in keinem Verhältnis zu ihrer Berühmtheit und ihrer Wirkung auf die moderne Literatur. Nicht zu Unrecht ließ ihn Napoleon 1801 für den Rest seines Lebens in der Irrenanstalt von Charenton internieren, denn der Marquis war ein gewissenloser Verbrecher, der nicht nur in seinen ausnahmslos in verschiedenen Gefängnissen entstandenen Schriften die zügellose Freiheit des Menschen und sein Recht auf Gewalt proklamierte. Sade starb mit vierundsiebzig Jahren, und seine letzten Sätze scheinen eine gewisse Reue zu beweisen: »Die Erde über meinem Grab soll übersät werden mit Eicheln, so daß alle Spuren meines Grabs verschwinden, damit die Erinnerung an meine Existenz hoffentlich aus dem Gedächtnis der Menschen gelöscht wird.«

Der spanische Stierkämpfer **Manuel Sánchez** (»Manolete«, †1947) starb in der Arena: »Doktor, habe ich die Augen offen? Ich kann nichts sehen.«

Ob die Lebensgeschichte, die der englische Dichter **Richard Savage** (†1743) kurz vor seinem Tod seinem Bekannten Samuel Johnson erzählte, wirklich wahr ist, läßt sich heute kaum noch entscheiden – skandalös war sie in jedem Fall. Savage gab vor, der illegitime Sproß einer Adligen zu sein, und erpreßte sie, als seine Ansprüche abgewiesen wurden, mit dem Gedicht »The Bastard« (1728). Aus Furcht vor einem öffentlichen Skandal zahlte man ihm daraufhin eine monatliche Rente, die sein Leben aber nicht in geordnete Bahnen lenken konnte. Im Streit tötete er einen Mann, wurde zum Tode verurteilt, jedoch in letzter Minute begnadigt. Mit Gelegenheitsarbeiten verdiente er etwas Geld, das er sofort ins Wirtshaus trug. Er starb im Gefängnis mit den Worten an seinen Wärter: »Ich muß Ihnen etwas sagen, Sie ... Es ist weg.«

Savonarola

Im Fall des berüchtigten Bußpredigers **Girolamo Savonarola** (†1498) muß man die Geduld der römischen Kirche bewundern. Aber offenbar hatte sie einen solchen Zustand der Zerrüttung erreicht, daß selbst heftigste Brandreden sie nur noch mäßig beeindruckten. Sechzehn Jahre lang predigte er gegen die Lasterhaftigkeit der Kirchenfürsten und gegen deren korrupte Politik, forderte das Selbstbestimmungsrecht der Völker als ein göttliches Recht und betrieb sogar in Florenz die Gründung eines auf der Volkssouveränität beruhenden republikanischen Gemeinwesens. Der von Savonarola schonungslos bekämpfte Papst Alexander VI. ließ ihn nach langem Zögern verhaften. Unter der Folter gab der Prediger an, seine Irrlehren nur verbreitet zu haben, um beim Volk berühmt zu werden. Auf dem Weg zum Galgen wurde er von Halbwüchsigen verhöhnt und geschlagen, aber er verzog keine Miene. Als eine Verehrerin ihn fragte, wie er dies alles ertragen könne, antwortete er in hochmütiger Bescheidenheit: »Christus hat für mich mehr gelitten.«

Die frühe Gicht des französischen Lustspieldichters **Paul Scarron** (†1660) lähmte zwar seine Glieder, nicht aber seinen scharfen Witz, der ihn in der Pariser Gesellschaft rasch berühmt machte. Sogar die Königin Anna von Österreich amüsierte sich über seine Satiren und ließ ihm mitteilen, sie würde ihm gerne eine Pension zukommen lassen, aber sie wüßte keine Bezeichnung für ihn. Er antwortete: »Meine Krankheit ist mein Titel. Man möge mich pensionieren als ›Kranken der Königin‹.« So geschah es, und mit diesem Titel war Scarron der geistreiche Mittelpunkt aller Salons. Er heiratete eine arme Frau, um sie vor dem Kloster oder dem Dasein als Mätresse zu retten, die ihn treu und aufopfernd pflegte und später als Marquise von Maintenon bekannt wurde. Als er den Tod nahen fühlte, wollte er mit seiner Frau noch etwas scherzen, aber die flehte ihn an: »Scarron, nicht zum Lachen ist jetzt Zeit, sondern zum Weinen«, und Scarron fügte sich: »Na gut, dann weine. Aber soviel ist sicher: ihr werdet nicht halb so lange um mich weinen, wie ihr über mich gelacht habt.«

Der österreichische Maler **Egon Schiele** (†1918) starb in den letzten Tagen des Ersten Weltkriegs an der spanischen Grippe: »Der Krieg ist zu Ende, und ich muß gehen.«

Am Abend des 1. Mai 1804 ging **Friedrich Schiller** (†1805) wie gewohnt ins Theater und bemerkte zu seiner ihn begleitenden Schwägerin, daß er auf der linken Seite, wo er seit vielen Jahren immer Schmerzen gehabt hatte, überhaupt nichts mehr fühle. Später ergab die Sektion, daß sein linker Lungenflügel völlig zerstört war. Nach dem Ende der Vorstellung litt er unter Schüttelfrost und fiel noch am Abend in ein schweres Fieber, wie er es schon so oft gehabt hatte, weshalb er auch nicht an eine unmittelbare Gefahr glaubte. In den folgenden Tagen verschlimmerte sich jedoch sein Zustand, häufiger entschwand ihm das Bewußtsein. Am Abend des 8. Mai fragte ihn seine Schwägerin, wie er sich fühle, und er antwortete: »Immer besser, immer heiterer.« Er wollte die Abendsonne sehen und sprach im Fieber auf lateinisch mit Gott, dann folgten unzusammenhängende Worte, als letztes: »Iudex!«

Den Namen des deutschen Theologen **Friedrich Schleiermacher** (†1834) kennen selbst die Gebildeten unter seinen Verächtern nur noch wegen des ungeheuren Skandals, den seine »Vertrauten Briefe« über Friedrich Schlegels Roman »Lucinde« verursachten: Es fehlte nicht viel, daß man diesen berühmtesten Kanzelredner der Berliner Romantik aus der protestantischen Kirche ausgeschlossen hätte. Schlegels kleiner Roman war nämlich ein Hymnus auf die sinnliche Liebe, und Schleiermacher hatte gewagt, dieses Buch gegen die offizielle Prüderie seiner Zeit zu verteidigen. Schleiermacher starb im Vollbesitz seiner geistigen Kräfte; fast müßte man sagen, daß er seinen Tod genossen hat. Zu seiner Frau sagte er: »Ich befinde mich in einem seltsamen Zustand von Bewußtheit und Unbewußtheit und genieße geradezu himmlische Augenblicke. Ich habe Gedanken von unergründlicher Tiefe, Gedanken, die über alle Religion hinausgehen und doch zugleich eins sind mit meinen tiefsten religiösen Empfindungen.«

Arthur Schopenhauer (†1860) fürchtete sich lebenslang vor Bazillen und anderen Katastrophen. Auf Reisen hatte er nicht nur sein eigenes Geschirr bei sich, sondern wohnte auch aus Angst vor einem Brand nie höher als im ersten Stockwerk. Da er ständig Überfälle erwartete, teilte er das Bett mit einem geladenen Revolver. Wenn er sich rasieren ließ, erwartete er insgeheim den Tod, weil der Friseur ihm den Hals durchtrennen könnte. Wo immer er war, in Berlin, Venedig oder Neapel: er fürchtete von der Tuberkulose bis zur Syphilis einfach alles. Vor allem aber hatte er Angst davor, als wohlhabend zu gelten. Seine Buchführung ließ er deshalb in Latein und Griechisch erstellen. Abgesehen davon, daß er auch befürchtete, lebendig begraben zu werden, starb er mit dem zufriedenen Satz: »Also, das haben wir gar nicht so schlecht gemacht!«

Die Biographen des österreichischen Komponisten **Franz Schubert** (†1828) haben sich nach langem Zögern darauf geeinigt, daß er ein unglückliches Leben geführt hat, um damit seine außerordentliche Produktivität zu erklären: Überliefert sind acht Sinfonien, neunzehn Ouvertüren, achtzehn Streichquartette, dreiundzwanzig Sonaten, sechs Orchestermessen, neun Opern, fünf Operetten und vor allem über sechshundert Lieder (»Heidenröslein«, »Erlkönig«) und die Zyklen »Winterreise« und »Die schöne Müllerin«. Diese keineswegs vollständige Aufzählung seiner künstlerischen Produktion aus nur fünfzehn Schaffensjahren legt den Schluß nahe, daß Schubert ein einsamer Mensch gewesen wäre – das Gegenteil allerdings war der Fall. Er starb mit dreißig Jahren an Typhus: »Hier, hier ist mein Ende.«

Der amerikanische Gangsterboß **Dutch Schultz** (†1935) saß mit seinen Leuten im Palace Chop House und kontrollierte die Quittungen, als er niedergeschossen wurde. Er floh auf die Toilette; die Kugeln hatten ihm den Magen, den Dickdarm, die Gallenblase und die Leber durchschlagen. Die Killer verschwanden, Schultz schleppte sich wieder ins Lokal, setzte sich und fiel mit dem Kopf in einen Teller. Als er ins Newark City Hospital eingeliefert wurde, lebte er noch. In den nächsten Stunden stieg seine Temperatur auf 41 Grad, er redete im Fieberwahn, und die Polizei setzte einen Stenographen an sein Bett, um mögliche Hinweise zu erhalten. Seine letzten Sätze waren: »Bitte Mutter, hol mich jetzt ab. Sie wollen mich nicht aufstehen lassen. Sie haben meine Schuhe gefärbt. Mir ist so schlecht. Sie sollen mich in Ruhe lassen. Ich will zahlen.«

In deutschen Lexika wird **Carl Schurz** (†1906) als amerikanischer Politiker und Publizist bezeichnet – als wäre es den Deutschen immer noch peinlich, daß es 1848 einen immerhin zaghaften Revolutionsversuch gegeben hatte. Der Bonner Geschichtsstudent Schurz schloß sich damals den Aufständen an, wurde arretiert, befreite sich und in einer mutigen Aktion den Anführer Gottfried Kinkel (1850), weshalb ihm nur die Wahl zwischen Exekution und Emigration blieb. Er floh unerkannt in die USA, schloß sich als Gegner der Sklaverei der Republikanischen Partei Lincolns an und hatte als viel beachteter Redner großen Anteil an dessen Wahlsieg im Jahr 1860, der durch die Deutschamerikaner entschieden wurde. Im Bürgerkrieg befehligte er als General eine deutsch-amerikanische Division und blieb bis ins hohe Alter ein Verfechter der Rechte der Indianer in der amerikanischen Gesellschaft.

Dem Tod mehr als einmal entkommen, meinte er auf dem Sterbebett: »Es ist so einfach zu sterben.«

Der schottische Schriftsteller **Sir Walter Scott** (†1832) war ein Ehrenmann. Er stammte aus einem der vier großen nationalen Clans, war Rechtsanwalt, Sheriff und schließlich Richter in Edinburgh. Seine Interessen galten jedoch auch der Dichtkunst; er übersetzte Goethe und veröffentlichte mehrere Versepen mit Themen aus der schottischen Geschichte. Ab 1810 begann er, anfangs noch anonym, historische Romane zu schreiben. Ohne seine Schuld machte sein Verleger Bankrott und Scott geriet in finanzielle Schwierigkeiten. In rascher Folge veröffentlichte er insgesamt 27 Romane, mit denen er seine Finanzkrise zwar überwand, die Anstrengung aber führte zum frühzeitigen körperlichen Zusammenbruch. Als er starb, hatte er sich nichts vorzuwerfen: »Ich habe nichts geschrieben, das ich auf meinem Totenbett gestrichen haben möchte.«

Der amerikanische Journalist **E. W. Scripps** (†1926) kam nach einer Sportveranstaltung, gefolgt von einer Party und einem Rendezvous, nach Hause, erlitt einen Herzinfarkt und meinte: »Ich nehme an, es waren ein paar Zigarren zuviel heute nacht.«

Während der Schlacht von Spotsylvania blickte der Bürgerkriegsgeneral **Sedgewick** (†1864) von einer leichten Anhöhe herab in Richtung des Feindes und meinte verächtlich: »Die könnten nicht mal einen Elefanten treffen auf diese Entfern ...«

Der britische Adlige **Sir Henry Segrave** (†1930) verunglückte bei dem Versuch, den Weltrekord im Speedboot-Rennen einzustellen. Seine letzte Frage lautete: »Haben wir's geschafft?«

Der deutsche Schriftsteller **Johann Gottfried Seume** (†1810) quartierte sich, um Genesung zu suchen, in Bad Teplitz im Gasthof »Zum goldenen Schiff« ein, wo er die schönste Aussicht auf die Stadt und auf sein künftiges Grab hatte. Sein Leiden, als Blasenkatarrh diagnostiziert, verschlimmerte sich rasch. Da das Zimmer nur für eine bestimmte Zeit gemietet worden war und der Wirt es bereits anderen Gästen versprochen hatte, sollte der halbtote Dichter noch in ein neues Quartier umziehen. Da Seume nicht mehr laufen konnte, holte man eine Sänfte. Die Träger weigerten sich zunächst, einen Sterbenden zu transportieren, dann verweigerte der neue Wirt die Aufnahme. Die Polizei mußte einschreiten und bestimmte nach langen Diskussionen, daß Seume in sein erstes Quartier zurückgebracht werden sollte – aber er starb inzwischen in der Sänfte auf der Straße. Nur ein Freund war bei ihm, der hörte, wie sich Seume einer Äußerung seines Freundes Blankenburg erinnerte, die dieser beim Sterben getan hatte: »So gehe, mit Major Blankenburg zu sprechen, der Betteltanz denn hier zu Ende!«

Der Arzt des irischen Antarktisforschers **Sir Ernest Shakleton** (†1922) machte seinem Patienten immer dringendere Vorhaltungen: Er solle mit dem Rauchen aufhören, er dürfe keinen Alkohol mehr trinken, schließlich schade ihm auch die nächtliche Arbeit und das Lesen. Gleichwohl verschlimmerte sich Shakletons Zustand, und er beschwerte sich: »Ständig verlangen Sie, daß ich irgend etwas aufgebe. Was soll ich denn jetzt noch aufgeben?«

Der irische Dramatiker **George Bernard Shaw** (†1950) hatte als Musikkritiker begonnen. Unvergessen ist seine Kurzkritik des Londoner Ärztechores: »Man hätte sie an ihre Schweigepflicht erinnern sollen.« Sein ironischer Stil prägte auch seine Theaterstücke, für die er 1925 den Nobelpreis erhielt. Seine Dramen versah er mit ausführlichen Vorworten, in denen er seine Ansichten über Politik, Moral und Religion ausbreitete. Er war vierundneunzig, als er sich von seiner Krankenschwester verabschiedete: »Schwester, Sie wollen mich am Leben erhalten als eine alte Sehenswürdigkeit. Aber ich bin fertig, aus, ich sterbe.«

Sheridan

Die literarische Karriere des anglo-irischen Dramatikers **Richard Sheridan** (†1816) war ebenso glänzend wie seine politische Laufbahn. Er hatte in London Jura studiert, begann aber auf Anregung seiner Frau, der berühmten Sängerin Elisabeth Linley, Gesellschaftskomödien zu schreiben, die ihn rasch bekannt machten und noch heute zum Repertoire britischer Bühnen gehören. Als glänzender Rhetoriker eroberte er sich auch die Bühne der Politik: Vom Unterstaatssekretär für Auswärtige Angelegenheiten brachte er es bis zum Ratgeber König Georgs IV. Sein luxuriöser Lebensstil trieb ihn in den Ruin. Er starb mit den Worten: »Ich bin völlig erledigt.«

Die für ihre Bonmots bekannte englische Schriftstellerin **Edith Sitwell** (†1964) antwortete einem letzten Besucher auf die Frage, wie es ihr gehe: »Ich sterbe gerade, aber sonst ganz gut.«

Der Kapitän der »Titanic« mit dem unscheinbaren Namen **E. J. Smith** (†1912) schwamm mit einem Kind im Arm zu einem Rettungsboot und übergab es den Passagieren, lehnte selbst aber die Rettung ab: »Laßt mich draußen.« Eine Zeugin aber will gehört haben, daß er höchst patriotisch gerufen haben soll: »Zeigt, daß ihr Engländer seid, Jungs!«

Der britische Geistliche **Sidney Smith** (†1845) war Kanonikus von St. Paul in London und berühmt für seine Schlagfertigkeit. Es mag schwer zu erklären sein, aber statt eines Glases voller Portwein trank er eines Abends ein Glas giftiger Gallapfeltinte in einem Zug aus. Er rief ohne jede Todesahnung seine Frau um Hilfe: »Bring mir alles Löschpapier, das wir im Haus haben.«

Der Dieb **William Snow** (†1789) sollte in London am Straßenrand, wie es üblich war, gehängt werden, aber das Seil riß. Snow scherzte: »Liebe Leute, laßt euch Zeit, ich kann warten.«

Die amerikanische Hausfrau **Ruth Snyder** (†1928) hatte einen Mord aus Eifersucht begangen und endete dafür auf dem elektrischen Stuhl. Beides hätte niemanden interessiert, wenn nicht ein als Zeuge anwesender Reporter der New Yorker Zeitung »Daily News« mit einer versteckten Kamera Bilder von Snyders Todeskampf gemacht hätte und sie in einem sensationell aufgemachten Artikel veröffentlichte. Die Frau wiederholte bei jedem Stromstoß: »Herr vergib ihnen, Herr vergib ihnen…«

Die preußische Königin **Sophie Charlotte** (†1705), der wir das Berliner Schloß Charlottenburg verdanken, war in Paris bei ihrer Tante, der berühmten Pfalzgräfin Elisabeth, erzogen worden und hatte von dort den Sinn für eine etwas feinere

Kultur mitgebracht, als sie in Brandenburg gepflegt wurde. Während sich Sophie gerne mit künstlerischen und philosophischen Fragen beschäftigte und auch Leibniz nach Berlin holte, begnügte sich ihr eitler Gatte Friedrich I. mit Glanz und Gloria. Als sie, noch nicht vierzigjährig, sterben sollte, tröstete sie ihre weinenden Hofdamen: »Beklagt mich nicht, denn ich werde jetzt einigen Dingen auf den Grund gehen, die mir Leibniz nicht erklären konnte, und dem König verschaffe ich die Gelegenheit zu einem Leichenbegräbnis, bei dem er alle Pracht entfalten kann.«

Unter dem Galgen widerrief **Henry Spencer** (†1914) sein Geständnis, eine reiche alte Dame umgebracht zu haben, aber da war es zu spät: »Ich muß noch sagen, daß ich unschuldig bin an dem Mord an Allison Rexroat. Ich habe sie nicht getötet! Das ist eine Lüge gewesen! Ihr seid alle dreckige Schweine! Ihr habt kein Recht! Ich habe sie überhaupt nicht angefaßt! So wahr mir Gott helfe, ich habe ihr niemals ein Haar gekrümmt ...«

Der für seine vollendeten Umgangsformen berühmte **Philipp Stanhope** (†1773), als Politiker heute weniger bekannt denn als Schriftsteller, behielt noch auf dem Sterbelager die Übersicht: »Bringen Sie Dayrolles einen Stuhl!«

Sterne

Der britische Journalist **Henry Morton Stanley** (†1904) wurde über Nacht berühmt, als er den verschollenen Forscher David Livingstone fand. Seine Reisen im Kongogebiet schufen die Grundlage für die verbrecherische Ausbeutung des Kongostaates durch den belgischen König Leopold II. Stanley starb in London. Einige Stunden vor seinem Tod hörte er von Big Ben vier Uhr schlagen und meinte: »Vier Uhr? Seltsam. So spät ist es also. Seltsam.« Und Stunden später nur noch ein Wort: »Genug.«

Der amerikanische Massenmörder **Charles Starkweather** (†1989) wurde auf dem elektrischen Stuhl gefragt, ob er seine Augen der Wissenschaft zur Verfügung stellen würde, und er antwortete wütend: »Zum Teufel nein! Niemand hat jemals etwas für mich getan. Warum zum Teufel soll ich irgendwas für irgendeinen anderen tun?«

Die avantgardistische Schriftstellerin **Gertrude Stein** (†1946) sprach, als entwerfe sie einen neuen Text, mit sich selbst: »Was ist die Antwort?« Und überlegte noch: »In diesem Fall, was ist die Frage?«

Die Leiche des englischen Schriftstellers **Laurence Sterne** (†1768) wurde angeblich von Londoner Grabräubern wieder ausgegraben und nach Cambridge an die Anatomie verkauft

– Sterne kehrte also als Studienobjekt an den Ort seines eigenen Studiums zurück. Dieses Schicksal wäre eines Tristram Shandy würdig gewesen, doch leider ist Sterne vor dem Ende des Romans verstorben. Bei der Lektüre hat man allerdings wegen der kontinuierlichen Abschweifungen weder den Eindruck, daß es sich um ein unvollendetes Werk handelt, noch könnte man sagen, wie es überhaupt weitergehen sollte. Darin besteht der Unterschied zwischen der Literatur und dem Leben: Sterne wußte, als es zu Ende ging: »Jetzt ist es soweit.«

Als junger Mann war **Friedrich Graf zu Stolberg** (†1819) ein stürmischer Dichter und Dränger, suchte die Freundschaft mit Klopstock und Goethe, doch nach dem Abschluß seines Jurastudiums gab es für ihn keine Rettung vor dem Absturz in die diplomatische Karriere. Er wurde Lübecker Gesandter am dänischen Hof, dänischer Gesandter in Berlin und schließlich Kammerpräsident in Eutin. Als ob dies alles noch nicht schrecklich genug wäre, übersiedelte er mit fünfzig Jahren nach Münster und konvertierte mit seiner Familie zum Katholizismus, was sich dichterisch in Hymnen niederschlug, die allerdings schon damals niemand las. Seinen Arzt fragte der gläubig Gewordene auf dem Sterbebett: »Sagen Sie mir, ob das wirklich alles morgen oder übermorgen vorbei sein wird.« Der Arzt bejahte. »Gott sei Dank, ich danke Ihnen aus ganzem Herzen! Gelobt sei Jesus!«

Die Ehefrau von **Isaac Straus** (†1912) war Passagierin der »Titanic« und weigerte sich, ein Rettungsboot ohne ihren Mann zu besteigen, mit den Worten: »Wir waren vierzig Jahre lang zusammen und werden uns jetzt nicht trennen.«

Die Karriere des österreichischen Filmregisseurs und Schauspielers **Erich von Stroheim** (†1957), der seinen Adelstitel erst für Hollywood erfunden hatte, ist eine Geschichte des grandiosen Scheiterns. Stroheim lernte als Regieassistent von D. W. Griffith, in dessen Filmepos »Intoleranz« (1916) er auch mitspielte, wie man Budgets überzieht und die Produktionsfirmen verärgert. Den Rausschmiß bei Universal konnte er verkraften, aber daß Metro-Goldwyn-Mayer seine nach dem Vorbild von Griffith auf zehn Stunden geplante Parabel »Gier nach Geld« (1924) auf schnöde neunzig Minuten zusammenschnitt, war zuviel für ihn. Als Regisseur wollte man ihn nicht mehr, nur als Schauspieler wurde er manchmal noch beschäftigt. Die letzten Jahre lebte er zurückgezogen und verbittert in seiner französischen Wahlheimat. Als der Arzt zu ihm sagte, daß das Ende nah sei, antwortete er: »Das ist nicht so schlimm. Viel schlimmer ist, daß sie mir fünfundzwanzig Jahre meines Lebens gestohlen haben.«

Von den zahlreichen Operetten, die der englische Komponist **Sir Arthur Sullivan** (†1900) zusammen mit seinem Librettisten William Gilbert geschrieben hat, ist heute nur noch »Der Mikado« (1885) bekannt, obwohl das Autorenpaar zu seiner

Zeit größte Erfolge feierte. Sullivan starb mit achtundfünfzig Jahren: »Mein Herz, mein Herz!«

Der schwedische Spiritist **Emanuel von Swedenborg** (†1772) war ursprünglich Naturwissenschaftler und ein Bergbauexperte, bis er Dinge sah und Stimmen hörte, wie es anderen Sterblichen nicht zuteil wird. Sein Wahn gipfelte in der Vorstellung, Gott habe ihn ausersehen, angesichts des allgemeinen sittlichen Verfalls auf Erden eine neue Kirche zu gründen, wie sie in der Offenbarung des Johannes verheißen ist. Unermüdlich reiste und wirkte er für diese Aufgabe, stellte ein neues, von Kant verspottetes theologisches System auf und gewann besonders in England zahlreiche Anhänger. Es ist überliefert, daß er Tag und Stunde seines Todes im Voraus verkündete und sich dann auch an seine Prophezeiung hielt. Zur vorbestimmten Zeit legte er sich ins Bett, fragte seine Hausbesorgerin, ob es wirklich soweit sei und verabschiedete sie: »Es ist gut, ich danke dir und gebe dir meinen Segen.«

Unzählige Bearbeitungen haben dem Roman »Gullivers Reisen« von **Jonathan Swift** (†1745) nichts von seinem Reiz nehmen können. Es ist, allen einschlägigen Erfolgen zum Trotz, kein Kinderbuch, und Swift war nie ein harmloser Autor, sondern ein gefürchteter Satiriker. Über sein Leben weiß man relativ wenig, weil er sich gerne zurückzog. Als seine geliebte Stella 1728 starb, verdüsterte sich sein Denken. In den letzten Jahren erblindete er aufgrund eines Gehirntumors und verlor sein Gehör. Als letzter Satz ist von ihm überliefert: »Ich sterbe wie eine vergiftete Ratte in ihrem Loch. Ich bin, was ich bin!«

T von Talleyrand bis Tyler

Zur Überlebenstaktik des **Charles Maurice de Talleyrand-Périgord** (†1838) gehörte die Maxime, wenn man eine Revolution nicht verhindern kann, müsse man sich an ihre Spitze stellen. In seinen 84 Jahren hat der aus altem französischem Hochadel stammende Talleyrand mit diesem Grundsatz alle politischen Umbrüche überlebt und sogar von ihnen profitiert. Seine Karriere ist ebenso reich an Geheimnissen wie an Intrigen. So betrieb er als Außenminister Napoleons dessen Sturz und förderte maßgeblich die Rückkehr der Bourbonen auf den Thron. Kurz vor seinem Tod söhnte er sich sogar mit der katholischen Kirche aus, von der er 1791 mit dem Bannfluch belegt worden war, weil er 1789 die Einziehung der Kirchengüter zur Begleichung der Staatsschulden durchgesetzt hatte. Als Talleyrand auf dem Sterbebett die Nachricht empfing, der Erzbischof von Paris wolle lieber sein eigenes Leben hingeben, als ihn sterben zu sehen, antwortete der greise Pragmatiker: »Er wird dafür eine bessere Verwendung finden.«

Das traurige Schicksal des italienischen Dichters **Torquato Tasso** (†1595) sollte wohl zur Warnung dienen: Tasso bekannte seine Liebe zu Leonora, der Schwester des Herzogs von Ferrara, und wurde deshalb von ihm für wahnsinnig erklärt und in ein Irrenhaus gesperrt. Es dauerte mehrere Jahre, bis einige Freunde und Bewunderer seiner Werke die Freilassung des Dichters erwirken konnten und ihn nach Rom einluden, wo sie ihn in einer feierlichen Zeremonie mit dem Lorbeerkranz krönen wollten. Doch Tasso kam nach der erlittenen Haft als gebrochener Mann nach Rom. Die Feier war vorbereitet, das Kapitol geschmückt, doch Tasso starb entkräftet in seinem Zimmer mit dem Seufzer: »Vor dem Ziel am Ziel.«

Aus dem Werk der englischen Lyrikerin **Jane Taylor** (†1824) hat nur das Kinderlied »Twinkle, twinkle, little star« überlebt. Zusammen mit ihrer Schwester Anne veröffentlichte sie mehrere erfolgreiche Bände mit Gedichten, die ausdrücklich nur für Kinder bestimmt waren, und legte damit den Grundstein für die Schaffung einer kindgerechten Literatur in England. Daß sie sich ein reines Gemüt bewahrt hatte, beweist ihr letzter Satz: »Sind wir nicht alle Kinder?«

Der französische Jesuit **Teilhard de Chardin** (†1955), der als Paläontologe die Evolutionstheorie in Einklang bringen wollte mit den kirchlichen Dogmen über die Entstehung des Menschen, starb an einem Ostersonntag. In einem kleinen Kreis von Freunden traf ihn beim Tee der Schlag, er stürzte besinnungslos zu Boden, kehrte für kurze Augenblicke ins Bewußtsein zurück und sagte: »Diesmal ist es ernst.«

Im Leben von **Alfred Lord Tennyson** (†1892) gab es ebenso wenige Geheimnisse wie in seinen Werken. Der erst vier Jahre vor seinem Tod geadelte Pfarrerssohn lebte in völliger Zurückgezogenheit und schrieb Gedichte, die seinen viktorianischen Zeitgenossen vor allem wegen ihrer politischen und moralischen Korrektheit gefielen. Echte Empfindungen findet man in seinen wohlklingenden Versen nicht. Dennoch hinterließ Lord Tennyson der Nachwelt ein Geheimnis – allerdings erst mit dem letzten Satz, von dem niemand weiß, worauf er sich bezog: »Ich habe es geöffnet.«

Der walisische Lyriker **Dylan Thomas** (†1953) starb nach einer Alkohol-Orgie in New York. Er hatte sich immer gebrüstet, schon als Vierjähriger seinen ersten Whisky genossen zu haben, und galt als besonders trinkfest. Der Abend in New York allerdings ging über die Kräfte des vierundfünfzigjährigen Dichters, und er wußte es: »Ich hatte achtzehn volle Whiskys; ich denke, das ist der Rekord. Nach neununddreißig Jahren ist es alles, was ich erreicht habe.«

Der amerikanische Lehrer **Henry David Thoreau** (†1862) verweigerte 1846 aus politischen Gründen die Steuer, saß dafür einen Tag im Gefängnis und fühlte sich daraufhin verpflichtet, seine Erfahrung in Vorträgen zu verbreiten. Als Aussteiger aus der Erwerbsgesellschaft verarbeitete Thoreau seine ausführlichen Tagebücher zu didaktischen Essays wie »Walden« (1854). Mit seinen Büchern hatte Thoreau einen kaum zu überschätzenden Einfluß auf Naturschutz- und Bürgerrechtsbewegungen in aller Welt. Als er im Sterben lag, fragte ihn ein Geistlicher, ob er endlich seinen Frieden mit Gott gemacht hätte, und Thoreau antwortete wahrheitsgemäß: »Wir hatten niemals Streit.«

Den amerikanischen Erzähler und Zeichner **James Thurber** (†1961) überraschte der Tod, als er gerade seinen letzten Satz begonnen hatte, und Thurber nahm ihm das übel: »Gott segne ... Verflucht ...«

Das letzte Verbrechen des katholischen Feldherrn **Johann Tilly** (†1632) war die Eroberung und Zerstörung Magdeburgs, in deren Verlauf er sich weigerte, dem Blutrausch seiner Soldaten Einhalt zu gebieten. In seiner »Geschichte des Dreißigjährigen Krieges« schreibt Schiller: »Mehr als sechstausend Leichen mußte man in die Elbe werfen, um die Gassen zu räumen; eine ungleich größere Zahl von Lebenden und Toten hatte das Feuer verzehrt; die ganze Zahl der Getöteten wird mit Dreißigtausend angegeben.« Mit dem Blutbad von Magdeburg endete Tillys Kriegsglück. Sechsunddreißig Schlachten hatte er gewonnen, bei Rain am Lech wurde er tödlich verwundet. Am Ende, zu spät, schrie er unter gräßlichen Zuckungen und mit Schaum vor dem Mund: »Ich will beichten!«

Der irische Richter **John Toler, Lord of Norbury** (†1827), war berühmt für seine fairen, salomonischen Schiedssprüche. Auf dem Totenbett erfuhr er, daß sein Nachbar auch im Sterben lag und gab seinem Diener den Befehl: »James, beeile dich und sage Lord Erne mit meinen besten Empfehlungen, daß es zwischen uns ein Unentschieden geben wird.«

Der französische Maler und Graphiker **Henri de Toulouse-Lautrec** (†1901) war durch einen doppelten Beinbruch kleinwüchsig geblieben, weshalb es ihn weniger in die adlige Welt seiner Familie, sondern mehr zu den künstlerischen Randexistenzen auf dem Montmartre zog. Im Gegensatz zu den Impressionisten entwickelte er eine flächige Malweise mit starken Konturen und schuf als Graphiker Plakate für das Cabaret »Moulin Rouge« und für die berühmte Schauspielerin »La Goulue«. Er starb an der Syphilis. Nach der letzten Beichte sagte der schon mit den Sterbesakramenten versehene Künstler zu seinem Freund Louis Pascal: »Das kannst du mir glauben, der Priester hat mich ziemlich gequält. Ich bin froh, daß jetzt alles vorbei ist.«

Der britische Komödienautor **Ben Travers** (†1980) äußerte als letztes den Wunsch, daß auf seinem Grabstein stehen sollte: »Hier beginnt der wirkliche Spaß.«

Mit der Willkür der Herrschenden war der Soldat **Friedrich Freiherr von der Trenck** (†1794) durchaus vertraut: Friedrich der Große, dessen Ordonnanzoffizier er gewesen war, hatte ihn jahrelang ohne Gerichtsverfahren einkerkern lassen, weil Trenck ein Verhältnis mit Friedrichs Schwester Amalie unterhalten hatte. Erst Maria Theresia erwirkte (1763) seine Freilassung aus der Festung Magdeburg. Nach abenteuerlichen Wanderjahren wurde Trenck in Paris wegen einer angeblichen Verschwörung zur Wiedereinführung der Monarchie verhaftet und hingerichtet. Auf dem Weg zur Guillotine sagte er zu den Schaulustigen: »Was wollt ihr? Das ist doch nur eine kleine Komödie à la Robespierre!«

Der im Exil lebende **Leo Trotzki** (†1940) hatte bereits mehrere Mordanschläge im Auftrag Stalins überstanden, als er in seinem mexikanischen Haus mit einem Eispickel niedergestochen wurde. Auf der Fahrt ins Krankenhaus ahnte er: »Dieses Mal hat es geklappt.«

Der russische Schriftsteller **Anton Tschechow** (†1904) starb im Alter von nur vierundvierzig Jahren in dem Schwarzwälder Kurort Badenweiler an Tuberkulose. Hier hatte er auch seine letzten großen Schauspiele »Drei Schwestern« und »Der Kirschgarten« geschrieben. Lange Zeit galt als gesichert, daß Tschechow zuletzt nach »Sekt!« verlangt habe, aber neue Forschungen machen es plausibel, daß der studierte Mediziner den eigenen Zustand protokollierte: »Ich sterbe.«

Der englische Maler **William Turner** (†1851) entwickelte sich vom Kolorateur von Stichen zum visionären Gestalter der reinen Farbe. Die Titel seiner späteren Bilder deuten häufig noch Themen an (Gewitter, Sturm, Nebel etc.), wo es Turner nur auf die Farbgebung ankam. Er hat das Sonnenlicht in der Malerei neu erfunden. Turner starb mit dem Glaubensbekenntnis: »Die Sonne ist Gott.«

Die letzten Jahre **Mark Twains** (†1910) waren eine Tragödie: Er hatte sich finanziell ruiniert, zwei Töchter und seine Frau starben. Vom amerikanischen Fortschrittsoptimismus hatte er sich längst entfernt. Sein Alterswerk ist zutiefst düster und pessimistisch. Er wußte, daß er nicht mehr in die neue Zeit paßte: »Ich bin unter dem Halleyschen Kometen zur Welt gekommen, und ich will mich mit dem Halleyschen Kometen verabschieden.« In der Nacht zum 21. April 1910 überquerte der Komet Mark Twains Haus in Redding (Connecticut), aber der Sterbende sah ihn nicht mehr. In der letzten Stunde fiel aller Pessimismus von ihm ab, und zu seiner einzigen ihm verbliebenen Tochter sagte er noch: »Vielleicht treffen wir...«

Der zehnte Präsident der Vereinigten Staaten, **John Tyler** (†1862), regierte in ständigem Unfrieden mit seiner konservativen Partei. Nach dem Tod des vorigen Präsidenten Harrison war er 1841 als dessen Vizepräsident in das Amt nachgerückt, entwickelte aber unerwartet politische Ideen, die zum Repertoire der gegnerischen Demokraten zählten. Der Kongreß wollte ihn des Amtes entheben, aber er machte von seinem Vetorecht Gebrauch und stand seither in kontinuierlichem Kampf mit den Abgeordneten. Erst auf dem Sterbebett zeigte er Einsicht: »Ich gehe, das ist wahrscheinlich am besten.«

U
von Unbekannter bis Uz

Ein **Unbekannter** (†1916) verfaßte den letzten Abschiedsgruß, der die von den Deutschen torpedierte SS Lusitania in einer Flaschenpost verließ: »Noch an Deck mit wenigen Leuten. Das letzte Boot ist weg. Wir sinken schnell. Das Orchester spielt immer noch. In meiner Nähe beten einige Männer mit einem Priester. Das Ende ist nah. Vielleicht wird dieser Brief ...«

Der bayerische Landgerichtsassessor **Johann Peter Uz** (†1796), der nur in seiner reichlich bemessenen Freizeit dichtete, erfuhr am Ende seines Lebens die Überraschung, daß die Anspach an Preußen fiel und er zum Wirklichen Königlichen Preußischen Geheimen Justizrat ernannt wurde. Die Urkunde erreichte ihn wenige Stunden vor seinem Tode; er hörte die Botschaft und sagte gemessen: »So.«

V von *Valentino* bis *Voltaire*

Die amerikanische Stummfilm-Legende **Rudolph Valentino** (†1926) starb nach offiziellen Angaben an einer Bauchfellentzündung. Die Gerüchteköche in Hollywood wußten es besser: Eine bekannte Dame der New Yorker Gesellschaft hätte ihn vergiftet, weil er sich nach einer kurzen Affäre von ihr getrennt hatte. Es kursierte auch die Version, Valentino wäre an Syphilis gestorben. Obwohl er nacheinander mit zwei Lesbierinnen verheiratet war und seinen Kollegen Roman Navorro zu seinen Liebhabern zählte, war Valentino ein Liebling der Frauen: 100.000 überwiegend weibliche Fans drängten sich in New Yorks Straßen, um einen letzten Blick auf den in Campbell's Funeral Home aufgebahrten Star zu werfen. Trotz seiner Schmerzen starb er friedlich; seinen Ärzten sagte er: »Laßt die Jalousien oben. Ich fühle mich gut. Ich möchte das Sonnenlicht begrüßen.«

Zwei Jahre lang mußte **Sir Henry Vane** (†1662) im Gefängnis auf seine Hinrichtung warten. Er hatte gegen Cromwell intrigiert und war wesentlich für dessen Absetzung verantwortlich. Der wiedereingesetzte König Karl II. amnestierte alle anderen Beteiligten, nicht aber Henry Vane, wohl in der nicht ganz abwegigen Vermutung, Vane könnte sich in Zukunft gegen ihn wenden. Auf dem Schafott scherzte der Delinquent: »Ich schrecke nicht vor dem Tod zurück. Bisher ist er vor mir zurückgeschreckt.«

Das Leben des spanischen Dichters **Lope de Vega** (†1635) wäre die ideale Vorlage für einen opulenten Abenteuerfilm – niemand würde glauben, daß es sich bei dieser Häufung von erotischen Komplikationen und privaten Tragödien um eine annähernd realistische Darstellung handelte. Nach eigenen Angaben hat Vega nebenbei auch noch eintausendfünfhundert Bühnenstücke geschrieben, von denen immerhin fünfhundert erhalten sind – aber auch Gedichte, Lieder, mythologische Erzählungen und Romane. Seine Produktivität ist rätselhaft, aber sie erklärt, warum er auf seinem Sterbebett sagte: »Dante fand ich immer langweilig.«

Die Tänzerin der Wiener Staatsoper **Eva Maria Veigel** (†1822) bekam von ihrer Zofe eine Tasse Tee unter die Nase gehalten: »Stell sie hin, dumme Gans! Denkst du, ich kann sie nicht selbst nehmen?«

Im zweiten Buch seiner »Confessions« erzählt Rousseau von einer **Madame de Vercellis** (†1728), deren Diener er in seiner Jugend gewesen war. Da wir nichts von ihr wissen, müssen wir ihm glauben, daß sie eine geistvolle Frau war, voller

Gemüt und Tatenlust, die nur in ihren letzten beiden Tagen das Bett hütete. Dennoch unterhielt sie sich freundlich mit ihren Besuchern und ließ, so überliefert es Rousseau, als sie schon fast gestorben war, einen donnernden Furz. Befriedigt sagte sie: »Gut! Wenn ich das noch kann, bin ich noch nicht tot!«

Das italienische Operngenie **Giuseppe Verdi** (†1901) hatte, fast neunzigjährig, seine Angelegenheiten geordnet und sein Testament gemacht, in dem er sämtliche Honorare aus den Aufführungen seiner Werke dem von ihm gestifteten Heim für alte Musiker, der »Casa di riposo« in Mailand, vermachte. Im dortigen Hotel »Milan« erlitt er am Morgen des 27. Januar einen Schlaganfall. Er wollte gerade seine Weste zuknöpfen, fand die Knopflöcher nicht mehr und murrte noch: »Ein Knopf mehr oder weniger ...«

In den Wirren der französischen Revolution machte **François Vidocq** (†1857) eine seltsame Karriere: Er war ein dreister Dieb, der, um der Strafe zu entgehen, der Polizei seinen Dienst anbot. Fortan arbeitete er »undercover« mit so großem Erfolg als Spitzel, daß der Polizeipräfekt ihm anbot, eine eigene Einsatztruppe zu bilden, die Vidocq tatsächlich aus verurteilten Kriminellen rekrutierte, da diese über die größte Erfahrung verfügten. Vidocq starb als Chef der Pariser Kriminalpolizei. Auf die Literatur hat er höchst inspirierend gewirkt: Balzacs zwielichtige Figur Vautrin geht ebenso auf ihn zurück wie Poes Detektiv Dupin, mit dem die Gattung der Detektivgeschichten erfunden wurde. Vidocq machte sich keine Illusionen über seine Karriere; am Ende sagte er: »Wie groß muß die Vergebung sein für solch ein Leben!«

Der französische Autor **Bernard de la Ville** (†1825) häufte auf seinem Sterbebett lauter unvollendete Manuskripte um sich und bat seinen Sohn: »Charles, schreibe in großen Buchstaben ›Ende‹ auf die letzten Seiten.«

Nach fast achtundzwanzig Jahren im Schweizer Exil kehrte der französische Philosoph **Voltaire** (†1778) im Triumph nach Paris zurück. Durch seine jahrelangen juristischen und publizistischen Kämpfe für zu Unrecht Verfolgte war er eine Art Volksheld geworden; er mußte Hunderte Besucher empfangen und erlitt vor Anstrengung einen Blutsturz. Die Nachricht vom Zusammenbruch des Dreiundachtzigjährigen alarmierte seine treuesten Feinde: Die Kleriker kamen ins Haus, um die Seele des berühmten Atheisten zu retten. Damit er nicht namenlos verscharrt wurde, unterschrieb Voltaire ein Glaubensbekenntnis, lehnte aber das Abendmahl ab. Das war den Priestern nicht genug, sie bedrängten ihn, bis er sie anschrie: »Lassen Sie mich in Frieden sterben!«

W *von Wallace bis Wycherley*

Vierzig Tassen Tee brauchte **Edgar Wallace** (†1932), um einen guten Krimi auf Band zu diktieren. Seinen Diener überraschte es also nicht, als Wallace ihn morgens um fünf Uhr aus dem Bett klingelte. Er fand seinen Arbeitgeber desorientiert vor und rief einen Arzt, der den berühmten Schriftsteller nur noch bewußtlos vorfand. Der Arzt diagnostizierte eine doppelseitige Lungenentzündung und schwere Diabetes, konnte aber nicht mehr helfen. Als Wallace noch einmal aus der Bewußtlosigkeit erwachte, fragte er seinen Diener: »Muß ich sterben?« »Aber nein«, antwortete der Butler, »Sie befinden sich bereits auf dem Weg der Besserung.« Edgar Wallace glaubte ihm und sagte: »Dann geben Sie mir eine gute Tasse Tee.«

Jeder kennt den Film »Ben Hur«, aber niemand den Autor **Lewis Wallace** (†1905). Eigentlich war er Politiker: Gouverneur von New Mexico und Gesandter in Konstantinopel. Er hatte bereits einen historischen Roman über die Eroberung Mexikos geschrieben, bevor ihm mit »Ben Hur« der größte Erfolg seines Lebens gelang. Wallace war ein zutiefst gläubiger Mensch; er schrieb auch eine »Kindheit Christi« (1888). Zu seiner Frau sagte er auf dem Sterbebett: »Im Himmel sehen wir uns wieder.«

Warum **Waltheof, Earl of Northumberland** (†1076), exekutiert wurde, liegt im Nebel der Geschichte. Um so deutlicher hörte man, wie er auf dem Richtblock liegend begann, das Vaterunser zu beten: »Und führe uns nicht in Versuchung ...« Seine Stimme erstickte in Tränen, aber der Scharfrichter wollte nicht warten, bis sich der Earl wieder gefaßt hatte, und hieb ihm mit einem Schlag den Kopf ab. Die Umstehenden versicherten später, der abgetrennte Kopf hätte noch klar und deutlich die letzten Worte des Gebetes gesprochen: »Sondern erlöse uns von dem Übel. Amen.«

Der ehemalige Tabakfarmer **George Washington** (†1799) stellte sich an die Spitze des amerikanischen Widerstands gegen die britischen Kolonialtruppen, organisierte mit Hilfe deutscher Emigranten die Revolutionsarmee und wurde nach dem Sieg über die Briten einstimmig zum ersten Präsidenten Amerikas gewählt. Er starb auf seinem Besitz Mount Vernon in dem Bewußtsein, noch gebraucht zu werden: »Doktor, es fällt mir schwer zu gehen, aber ich habe keine Angst davor.«

Die moderne Science-fiction verdankt **Herbert George Wells** (†1946) einige Ideen, die noch heute erfolgreich ausgebeutet werden: »Die Zeitmaschine« (1895), »Der Unsichtbare« (1897) und vor allem der »Krieg der Welten« (1898). Der außerordentlich produktive Schriftsteller starb hochgeehrt im Alter von achtzig Jahren. Zur Krankenschwester sagte er noch: »Sie können gehen, mir geht es gut.«

Bei einem Amoklauf auf dem Campus der Texas University erschoß **Charles Whitman** (†1966) sechzehn Personen, bevor er selbst von der Polizei erschossen wurde. Über die Hintergründe der Tat wurde nichts bekannt, aber die letzte Äußerung Whitmans läßt auf eine allgemeine Verbitterung schließen: »Das Leben ist nicht lebenswert.«

Als **Oscar Wilde** (†1900) die beiden Ärzte sah, die zu einer letzten Visite an seinem Sterbebett im Pariser Hotel »Alsace« erschienen waren, sagte der völlig verarmte Dichter: »Ich sterbe, wie ich gelebt habe – über meine Verhältnisse.«

Der amerikanische Schriftsteller **Charles Wirtenberger** (†1889) hatte bereits mehrfach versucht, sich wegen seiner unheilbaren Krankheit umzubringen. Vor seinem letzten, erfolgreichen Versuch sagte er besorgt zu seiner Frau: »Ich fürchte, mir gehen die letzten Worte aus.«

Der irische Dichter **Charles Wolfe** (†1823) bat seinen Arzt um einen letzten Gefallen: »Schließen Sie dieses Auge. Das andere ist schon zu. Und nun leben Sie wohl.«

Der britische Physiker und Botaniker **William Woodville** (†1805) ließ den Tischler herein, damit seine Sarggröße vermessen werden konnte: »Ich werde nicht mehr länger als zwei Tage leben, also beeilen Sie sich.«

Der englische Stückeschreiber **William Wycherley** (†1716) antwortete auf die Frage seiner jungen Frau, ob er noch einen letzten Wunsch hätte: »Nur diesen, meine Liebe – du sollst niemals wieder einen alten Mann heiraten.«

X von Malcolm X. bis Henri de Xavière

Der Black Muslim-Führer **Malcolm X.** (†1965) wurde von rivalisierenden Sektenmitgliedern bei einer Zusammenkunft in Harlem erschossen. Er schätzte die Situation letztlich falsch ein: »Bleibt cool, Brüder ...«

Der französische Aristokrat **Henri de Xavière** (†1794) lehnte, schon vor der Guillotine stehend, ein letztes Glas Wein ab: »Ich verliere so leicht die Orientierung, wenn ich getrunken habe.«

Y *von Yeats bis Young*

Im Laufe seines Lebens versuchte es der irische Dichter **William Butler Yeats** (†1939) mit dem Spiritismus, der indischen Philosophie, der Kabbala, den keltischen Mysterien und dem Rosenkreuzertum, doch nichts gab seiner suchenden Seele dauerhaften Frieden. So zeugt auch sein umfangreiches Werk eher von den mannigfaltigen Einflüssen als von einem eigenen Charakter. Spät erst fand er in den Gedichten zu einer persönlichen Note. Er beschloß die lebenslange Sinnsuche mit dem Seufzer: »Es ist genug.«

Von den über hundert Romanen der englischen Autorin **Charlotte Mary Yonge** (†1901) lohnt heute keiner mehr die Lektüre. Gleichwohl war die Sonntagsschullehrerin die populärste Schriftstellerin des viktorianischen Zeitalters; in ihren Büchern pflegte sie die hehren Ideale von Edelmut und Opfersinn, ergänzt durch penetrante religiöse Eiferei. Sie lebte zurückgezogen in einem Dorf bei Winchester; ihr einziger Kontakt bestand zu dem Geistlichen des Nachbardorfes. Sie starb im Haus ihrer Geburt mit den hoffnungsvollen Worten: »Der Herr wartet auf mich.«

Die englische Melancholie ist eine Erfindung des Dichters **Edward Young** (†1765), der die kurz aufeinanderfolgenden Tode seiner Frau, seiner Tochter und des Schwiegersohnes in einem epischen Gedicht von zehntausend Versen verarbeitete (»Night Thoughts«). Er hatte bereits Erfahrung mit diesem Thema; seine Elegie auf den Tod der Königin Anne hatte ihn als Dichter bekannt gemacht. Sein empfindsamer Weltschmerz beeinflußte nicht nur die englischen, sondern auch die deutschen Literaten: Besonders die Dichter der »Sturm und Drang«-Periode beriefen sich auf seine Ablehnung akademischer Bildung und feierten das »Original-Genie«. Er starb als Geistlicher mit den Worten: »Lebt wohl. Wir müssen die Gesetze Gottes respektieren.«

Z

von Zapata bis Zwingli

Der mexikanische Revolutionär **Emiliano Zapata** (†1919) geriet in einen Hinterhalt und starb, wie es sich in diesem Beruf gehört, mit einem Heldenwort auf den Lippen: »Besser im Kampf zu sterben als ein Leben als Sklave!«

Der Amerikaner **Florenz Ziegfeld** (†1932) gilt als der Erfinder des modernen Revueballetts. Er beantwortete die Frage: Was ist besser auf der Bühne als eine leicht bekleidete Tänzerin? mit hundert sehr sorgfältig ausgezogenen Mädchen, den berühmten »Ziegfeld Girls«, die überall auf der Welt Triumphe feierten. Als Ziegfeld starb, erlebte er vor seinem inneren Auge noch einmal die Aufregung der ersten Show: »Vorhang! Flotte Musik! Die Lichter! Fertig für das große Finale! Großartig! Die Show läuft prima!«

Ungeklärt ist, ob der Schweizer Schriftsteller **Johann Zimmermann** (†1795) Medizin studierte, weil er ein Hypochonder war, oder ob er erst aufgrund seines Studiums zum Hypochonder wurde – jedenfalls war er ein berühmter Arzt, der auch von Friedrich dem Großen in seiner letzten Krankheit zu Rate gezogen wurde. Nach dem Tod des Preußenkönigs veröffentlichte Zimmermann mehrere Schriften über ihn, die ihn als leidenschaftlichen Gegner der Aufklärung auswiesen. Sein Hauptwerk »Über die Einsamkeit«, das ihn berühmt gemacht hatte, erweiterte Zimmermann auf vier Bände und verabschiedete sich mit dem konsequenten Satz: »Ich sterbe. Laßt mich allein.«

Der hussitische Feldherr **Johann Zischka** (†1424) war berüchtigt wegen seiner Grausamkeit gegen den Feind, doch der religiöse Fanatiker ging mit sich selbst kaum weniger hart um. Als Kind hatte er bei einer Prügelei das linke Auge verloren, und obwohl er bei der Belagerung von Raby 1421 auch das rechte Auge durch einen Pfeilschuß einbüßte, führte er seine Truppen noch zum Sieg. Als er beim nächsten Kriegszug starb, ordnete er an: »Macht aus meiner Haut Trommelfelle für die Sache Böhmens!«

Der fundamentalistische Fanatismus, mit dem **Ulrich Zwingli** (†1531) in der Schweiz die protestantische Kirchenreform durchsetzen wollte, führte zunächst zur Abschaffung der Orgel und des Kirchengesangs in der Stadt Zürich, beim Versuch der Ausweitung auf die gesamte Schweiz dann aber zu Konflikten mit den katholischen Kantonen, gegen die Zwingli zu Felde zog. Er wurde tödlich verwundet, was ihn als Fanatiker nicht weiter kümmerte: »Sie können den Leib töten, aber nicht die Seele!«

Register

Abélard	9, 25
Adams, Henry	9
Adams, John	9
Addams, Jan	10
Addison, Josep	10
Adenauer, Konrad	10
Agatha	11
Agrippina	11, 139
Alexander der Große	11, 12
Alexander I. von Jugoslawien	20
Alfieri, Vittorio	12
Allen, Ethan	12
Amberley, Viscount	12
Ames, Beatrice	145
Anastasia, Albert	12
Anaxagoras	13
Anna, Königin von Österreich	166
d'Annunzio, Gabriele	13
Anselm	13
Anthelme, Jean	32
Appel, Gorg	14
Aretino, Pietro	14
Aristotele	11
Arria	143
Austen, Jane	15
Baba, Meher	16
Bacon, Francis	16
Balzac, Honoré de	17, 193
Bankhead, Tallulah	18
Barnum, Phineas	18
Barrett, Elizabeth	18
Barrymore, John	19
Barrymore, Lionel	19
Barthou, Jean Louis	20
Bashkirtseff, Marie	20
Baum, Vicky	146
Beardsley, Aubrey	20
Beaufort, Henry, Bischof von Winchester	21
Beauharnais, Joséphine de	30
Beecher-Stowe, Harriet	21, 22
Beethoven, Ludwig van	22
Behan, Brendan	22
Bell, Alexander Graham	22, 23
Bell, Sir Charles	23
Bell, John	23
Bennett, Arnold	23
Bentham, Jeremy	24
Béranger, Pierre-Jean de	24
Berg, Alban	24
Berlioz, Hector	25
Bhutto, Zulfikar Ali	25
Bismarck, Otto von	121
Bizet, Georges	26
Blake, William	26
Blei, Franz	26
Blücher, Gebhard von	26 f.
Bocarme, Comte Hippolite de	27
Bogart, Humphrey	19, 27
Böhme, Jakob	28
Boleyn, Anne	28
Bolívar, Simon	28
Böll, Heinrich	29
Bonaparte, Elisa	29
Bonaparte, Pauline	30
Borgia, Cesare	30
Börne, Ludwig	31
Bouhours, Dominique	31
Brahe, Tycho	31
Brahms, Johannes	32
Brillat-Savarin, Josephte	32
Brontë, Anne	32
Brontë, Charlotte	33
Brooke, Augustus	33

Register

Browning, Robert	19
Bruno, Giordano	33
Bülow, Hans von	33
Buñuel, Luis	34
Burckhardt, Jacob	34
Burnett, Frances Hodgson	34
Burns, Robert	35
Busoni, Ferruccio	35
Byron, Lord	35 f., 96
Caesar, Julius	37
Calderón, Don Rodrigo	37
Calhoun, John	102
Campbell, Thomas	37
Capone, Al	120
Capote, Truman	93
Carême, Marie Antoine	38
Carlyle, Thomas	38
Carroll, Lewis	38, 39
Caruso, Enrico	39
Casanova, Giacomo	39
Cézanne, Paul	40
Chamfort, Nicolas	40
Chaplin, Charlie	46
Chardin, Teilhard de	183
Chateaubriand, François	5, 47, 157
Chavez, Georges	41
Chénier, André de	41
Chesterfield, Lord	42
Chesterton, Gilbert Keith	42
Chopin, Frédéric	43
Christina von Schweden	43
Chrysippos	43
Churchill, Charles	44
Churchill, Sir Winston	7, 44
Chyträus, David	44
Cicero, Marcus Tullius	45
Clairvaux, Bernhard von	25
Claudius	11, 139, 143
Claudius, Matthias	45
Clay, Henry	102
Clemenceau, Georges	46
Cocteau, Jean	46
Coffin, Charles	47
Coislin, Marquise de	47
Colette, Sidonie-Gabrielle	47
Colt, Samuel	48
Comte, Auguste	48
Cook, Arthur	48
Corday, Charlotte de	48
Corot, Camille	49
Costello, Lou	49
Coviello, Niccolò	49
Cowper, William	50
Crabbe, Gorge	50
Crane, Harold (Hart)	50
Crane, Stephen	51
Crawford, Joan	18
Cream, Neil	51
Curie, Marie	52
Cuvier, Georges	52
Dante	120
Danton, Georges	53
Davis, Jefferson	53
Deffand, Madame du	118
Defoe, Daniel	54
Demonax	54
Dennis, John	54
Descartes, René	55
Dickens, Charles	55
Diderot, Denis	56
Dietrich, Marlene	18, 56
Digby, Sir Everard	57
Disraeli, Benjamin	57
Dollfuß, Engelbert	57
Don Quichotte	29
Dostojewskij, Fjodor	58
Doyle, Arthur Conan	59
Dreiser, Theodore	5
Drexel III., Anthony Joseph	59
Dubarry, Gräfin	59
Ducos, Jean-François	59

Dunant, Henri	60	Franklin, Benjamin	71
Duveen, Joseph	60	Franz Joseph I., Kaiser von Österreich	72
van Dyck, Antonius	75	Friedell, Egon	72
Earp, Morgan	61	Friedrich der Große	73, 124, 187, 202
Earp, Wyatt	61	Friedrich I.	176
Eckermann, Johann Peter	81	Friedrich Wilhelm I.	73, 109
Edison, Thomas Alva	61	Friedrich Wilhelm IV.	98
Edward VI., König von England	84	Fröhlich, Kathi	85
Egmont, Graf von	61	Frohman, Charles	74
Einstein, Albert	62		
Eisenhower, Dwight D.	62	Gachet, Dr.	82
Eliot, George	63	Gaddis, William	75
Elisabeth I., Königin von England	63	Gainsborough, Thomas	75
Elisabeth, Königin von Rumänien	63	Galilei, Galileo	75
Elliott, Ebenezer	64	Garibaldi, Guiseppe	76
Engels, Friedrich	128	Garrick, David	76
Epikur	64	Garth, Sir Samuel	77
Escobar, Pablo	64	Gasparin, Agenar de	77
Essex, Graf	16	Gellert, Christian Fürchtegott	77
d'Everuard, Charles	65	Gentz, Friedrich von	77, 78
		Georg II.	108
		Georg IV.	174
Fairbanks, Douglas Jr.	18	Georg V., König von England	78
Fénelon, François	66	Gershwin, George	50
Ferdinand, Erzherzog Franz	72	Getz, Stan	78
Ferrers, Earl Laurence	67	Gielgud, Sir Arthur John	79
Ferrier, Kathleen	67	Gilbert, William	179
Feynman, Richard	67	Gilmore, Gary	79
Fichte, Johann Gottlieb	68	Gladstone, William Ewart	79 f.
Fields, W.C.	68	Glass, Jimmy	80
Fish, Albert	69	Gloucester, Herzog von	21
Flaubert, Gustave	69	Godwin, Mary	80
Flavius, Subrius	69	Goethe, Johann Wolfgang von	7, 80, 109, 111, 178
Fontenelle, Bernard de	69	Gogh, Vincent van	81
Foot, Solomon	70	Goldsmith, Oliver	50, 82
Ford, John	70	Goldwyn, Samuel	87
Fordyce, George	71	Gomez, Joselito	82
Fox, Henry, Baron of Holland	71	Graham, James, Marquis von Montrose	83
France, Anatole	71		
Franco, Niccolò	14		

Register

Gramont, Antoine de	83
Grant, Ulysses S.	83
Greenaway, Peter	79
Grey, Lady Jane	84
Griffith, D.W.	179
Grillparzer, Franz	85
Guardia, Francisco Ferrer	66
Gusenberg, Frank	86
Hall, Margaret Radclyffe	87
Haller, Albrecht von	87
Hamilton, Lady Emma	139
Hamsun, Knut	88
Hanska, Gräfin	17
Harding, Warren	88
Haringer, Jakob	89
Harrison, Benjamin	188
Hašek, Jaroslav	89
Hastings, Warren	89
Hauptmann, Gerhart	90
Hauser, Kaspar	90
Hazlitt, William	91
Hebbel, Friedrich	91
Hegel, Georg Wilhelm Friedrich	91
Heine, Heinrich	51, 92
Heinrich IV.	84
Heinrich VIII. von England	28, 135
Héloise	9
Hemingway, Ernest	51, 145
Henry, O.	92
Herbert, Sidney	92
Hewitt, Abraham S.	93
Heydrich	106
Hickok, Richard	93
Hilton, Conrad	94
Hindenburg, Paul von	94
Hitchcock, Alfred	18
Hitler, Adolf	26
Hobbes, Thomas	94
Hofer, Andreas	95
Hoffmann, E.T.A.	95
Hofmannsthal	5
Hogarth, William	44
Hogg, James	95 f.
Hokusai, Katsushika	96
Hölderlin, Friedrich	96, 97
Hölty, Ludwig Heinrich Christoph	97
Homer	151
Horn, Tom	97
Houdini, Harry	98
Hubard, Elbert	74
Humboldt, Alexander von	98, 99
Humboldt, Wilhelm von	99
Hunter, Thomas	99
Hunter, William	99
Hus, Jan	100
Huston, John	19
Ibsen, Henrik	101
Irving, Washington	101
Jackson, Andrew	102
James, Henry	102
Jefferson, Thomas	10
Jesus	103
Johnson, David	103
Johnson, Dr.	44, 82, 106
Johnson, Edward	104
Johnson, Samuel	104, 165
Jolson, Al	104
Jortin, John	105
Joyce, James	105
Kafka, Franz	106
Kaiser Wilhelm II.	120
Kaltenbrunner, Ernst	107
Kant, Immanuel	107
Karl I., König von England	107
Karl V., König von Frankreich	107
Karoline, Königin v. England	108
Kath, Terry	108
Katte, Hermann von	109

Kauffmann, Angelica	109	Livingstone, David	177
Keats, John	162	Longfellow, Henry	120
Kelly, Ned	110	Ludwig II.	121
Kennedy, John F.	110	Ludwig XIII.	121
Kepler, Johannes	32	Ludwig XIV.	66, 122, 159
Keroukian, Wladimi	110	Ludwig XV.	59
Kidd, William	111	Ludwig XVI.	125
Kinkel, Gottfried	170	Lukian	54
Klopstock, Friedrich Gottlieb	111, 178	Luther, Martin	122
Kneissl, Matthias	111	Machiavelli, Niccolò	124
Kochhafen, David	44	Maeterlinck, Maurice	125
Königin Victoria	57	Mahler, Gustav	125
Kopernikus, Nikolaus	31, 32	Maintenon, Madame de	122
Korda, Alexander	112	Maintenon, Marquise von	167
Kraus, Christian Jakob	112	Malesherbes, Chrétien de	125
Krause, Friedrich	81	Malherbe, François	125
		Mann, Thomas	126
Laënnec, Théophile	113	Marat, Jean-Paul	48
Lamennais, Hugues Robert de	113	Marcus Aurelius	126
Landru, Henri	114	Margareta aus Antiochia	126
Laplace, Pierre	114	Maria Theresia	127, 187
Lawrence, David Herbert	114	Marie-Antoinette	127
Leclos, Ninon de	115	Martin V.	21
Lecouvreur, Adrienne	115	Marx, Karl	48, 127
Lee, John Doyle	115	Masterson, William	128
Leeuwenhoek, Anton van	117	Mata Hari	128
Lehár, Franz	117	Mather, Cotton	129
Leonidas, König von Sparta	117 f.	May, Karl	129
Leopardi, Giacomo	118	McClancy, Tom	129
Leopold II. Stanley, König von Belgien	177	Medici, Katharina von	108
		Medici, Lorenzo de	124
Lesinasse, Julie de	118	Medici, Maria von	121
Lessing, Gotthold Ephraim	111, 119	Mehring, Walter	129, 130
		Melanchthon, Philipp	130
Lewes, G.H.	63	Mercier, Joseph	130
Lewis, Sinclair	119	Meredith, George	130
Liliencron, Detlev von	120	Merlo, Frank	131
Lincoln, Abraham	170	Metternich, Klemens Fürst von	78
Lingle, Jake	120	Michelangelo Buonarroti	131
Linley, Elisabeth	174	Mohammed	132
Liszt, Friedrich	33	Molière, Jean-Baptiste	132

Monge, Luis José	133	Papst Pius X.	150
Montagu, Lady	133	Parker, Dorothy	145
Montaigne, Michel de	5, 7	Pascal, Louis	186
Montessori, Maria	133	Pasternak, Boris	145
Montmorency, Duc de	134	Pattison, Dorothy	146
Moran, Thomas B.	134	Paul, Jean	102
More, Sir Thomas	135	Pawlowa, Anna	146
Morgan, Daniel	135	Paz, Octavio	8
Mozart, Wolfgang Amadeus	135	Pestel, Pawel Iwanowitsch	147
Mudgett, Herman	136	Petacci, Clara	147
Murat, Joachim	136	Pétain, Philippe	147
Musset, Alfred de	137	Philby, Harry St. John	148
Mussolini, Benito	57, 147	Philby, Kim	148
		Philipp II.	62
Napoleon 24, 26, 30, 136, 157, 164, 182		Philipps, David	148
		Phipps, Thomas	148
Narvoéz, Ramón	138	Phokion	149
Nelson, Horatio	138	Picasso, Pablo	46, 149
Nero	11, 139, 140	Pitt d.J., William	149
Nietzsche, Friedrich	143	Poe, Edgar Allan	150
		Pompadour, Marquise von	59
O'Banion, Dion	17	Pope, Alexander	150
O'Fearna, Sean Aloysius	70	Presley, Elvis	151
O'Neill, Eugene	138	Price, Mary	151
Oates, Lawrence	141	Proust, Marcel	46, 152
Octavia	139	Purdy, Al	152
Oldfield, Anne	141	Puschkin, Alexander	153
Olivier, Sir Laurence	79		
Orléans, Johanna von	21	Quijano, Alfredo	154
Ortega y Gasset, José	141	Quincey, Thomas de	107
Oskar II., König von Schweden	142	Quintianus	11
Paetus, Caecina	143	Raabe, Wilhelm	155
Paganini, Niccolò	143, 144	Rabelais, François	155, 156
Palmer, John W.	144	Racine, Jean	41, 122
Palmer, William	144	Radcliffe, Ann	156
Palmerston, Henry	144	Radcliffe, Sir James	156
Panzram, Carl	145	Raleigh, Sir Walter	157
Papst Alexander VI.	30, 166	Récamier, Julie	157
Papst Gregor VII.	84	Reis, Johann Philipp	23
Papst Julius II.	31	Renoir, Auguste	158
Papst Julius III.	14	Reynolds, Sir Joshua	158

Register

Richelieu, Herzog von	122, 159
Richter, Johann Paul	103
Ridley, Nicholas	159
Rilke, Rainer Maria	159
Robertson, Thomas William	160
Robespierre, Maximilien de	41, 53, 187
Robinson, Edward G.	160
Roch, Sébastien	40
Rodgers, James W.	160
Rodin, Auguste	161
Rodin, Rose	161
Roland, Marie	161
Roosevelt, Franklin Delano	162
Ross, Robert	162
Rothschild, Baron von	38
Rothschild, Meyer Amschel	162
Rousseau, Jean-Jacques	163, 193
Rubinstein, Nikolaus	163
Sachsen, Moritz von	115, 164
Sade, Marquis de	164, 165
Saint-Saëns, Camille	146
Sánchez, Manuel	165
Sand, George	43, 137
Savage, Richard	55, 165
Savonarola, Girolamo	166
Scarron, Paul	166
Schiele, Egon	167
Schiller, Friedrich	111, 167, 185
Schlegel, Friedrich	6, 168
Schleiermacher, Friedrich	168
Schönberg, Arnold	24, 125
Schopenhauer, Arthur	168
Schubert, Franz	169
Schultz, Dutch	169, 170
Schurz, Carl	170
Scott, Robert	141
Scott, Sir Walter	96, 171
Scripps, E.W.	171
Sedgewick	172
Segrave, Sir Henry	172

Seneca	139
Seume, Johann Gottfried	172
Seymour, Jane	28
Shakespeare, William	5
Shakleton, Sir Ernest	173
Shaw, George Bernard	42, 173
Sheridan, Richard	174
Sitwell, Edith	174
Smith, E.J.	174
Smith, Sidney	174
Snow, William	175
Snyder, Ruth	175
Sophie Charlotte, Königin von Preußen	175, 176
Spencer, Henry	176
Stanhope, Philipp	176
Stanley, Henry Morton	177
Starkweather, Charles	177
Stein, Gertrude	177
Sterne, Laurence	177, 178
Stolberg, Friedrich Graf zu	178
Straus, Isaac	179
Stravinskij, Igor	46
Stroheim, Erich von	179
Sullivan, Sir Arthur	179 f.
Swedenborg, Emanuel von	180
Swift, Jonathan	180
Talleyrand-Périgord, Charles Maurice de	182
Tasso, Torquato	182, 183
Taylor, Jane	183
Tennyson, Alfred Lord	184
Thomas, Dylan	184
Thoreau, Henry David	184, 185
Thurber, James	185
Tilly, Johann	185
Toler, John, Lord of Norbury	186
Toulouse-Lautrec, Henri de	186
Travers, Ben	186
Trenck, Friedrich Freiherr von der	187

Register

Trotzki, Leo	187	Waltheof, Earl of Northumberland	196
Tschechow, Anton	187	Washington, George	9, 28, 196
Turgenjew, Iwan	43	Welles, Orson	7
Turner, William	188	Wells, Herbert George	196
Twain, Mark	188	Whitman, Charles	197
Tyler, John	188	Whitman, Walt	5
		Wilde, Oscar	20, 162, 197
Unbekannter	190	Williams, Tennessee	131
Uz, Johann Peter	190	Wirtenberger, Charles	197
		Wolfe, Charles	197
Valentino, Rudolph	191	Woodville, William	198
Vane, Sir Henry	191	Wycherley, William	198
Vega, Lope de	192		
Veigel, Eva Maria	192	X., Malcolm	199
Vercellis, Madame de	192	Xavière, Henri de	199
Verdi, Giuseppe	193	Xerxes	117
Verse, Roucher	41		
Vidocq, François	193, 194	Yeats, William Butler	200
Villa, Pancho	6	Yonge, Charlotte Mary	200
Ville, Bernard de la	194	Young, Edward	201
Vinci, Leonardo da	117		
Voltaire	194	Zapata, Emiliano	202
		Ziegfeld, Florenz	202
Wagner, Richard	33	Zimmermann, Johann	202, 203
Waldstein, Graf	40	Zischka, Johann	203
Wallace, Edgar	195	Zwingli, Ulrich	203
Wallace, Lewis	195		

Die erfolgreichen Eichborn-Lexika im Taschenbuch:

SERIE PIPER

Wolf-Ulrich Cropp
Das andere Fremdwörter-Lexikon
Serie Piper 3160

Rolf Degen
Lexikon der Psycho-Irrtümer
Serie Piper 3409

Katja Doubek
Das intime Lexikon
Serie Piper 3280

Katja Doubek
Lexikon merkwürdiger Todesarten
Serie Piper 3408

Karen Duve, Thies Völker
Lexikon der berühmten Tiere
Serie Piper 2684

Christian Eichler
Lexikon der Fußballmythen
Serie Piper 3397

Werner Fuld
Das Lexikon der Fälschungen
Serie Piper 3011

Werner Fuld
Lexikon der letzten Worte
Serie Piper 3656

Walter Gerlach
Das neue Lexikon des Aberglaubens
Serie Piper 2796

Wolfgang Hars
**Nichts ist unmöglich!
Lexikon der Werbesprüche**
Serie Piper 3010

Walter Krämer, Götz Trenkler
Lexikon der populären Irrtümer
Serie Piper 2446

Walter Krämer, Götz Trenkler, Denis Krämer
Das neue Lexikon der populären Irrtümer
Serie Piper 2797

Walter Krämer, Götz Trenkler
Das Beste aus dem Lexikon der populären Irrtümer
Serie Piper 3279

Walter Krämer, Wolfgang Sauer
Lexikon der populären Sprachirrtümer
Serie Piper 3657 (März 2003)

Dirk Maxeiner, Michael Miersch
Lexikon der Öko-Irrtümer
Serie Piper 2873

Michael Miersch
Das bizarre Sexualleben der Tiere
Serie Piper 3009

Charles Panati
Populäres Lexikon religiöser Bräuche und Gegenstände
Serie Piper 2795

Udo Pollmer, Susanne Warmuth
Lexikon der populären Ernährungsirrtümer
Serie Piper 3410

Matthew Richardson
Das populäre Lexikon der ersten Male
Serie Piper 3388

Klaus Waller
Lexikon der klassischen Irrtümer
Serie Piper 3278

Robert Anton Wilson, Miriam Joan Hill
Das Lexikon der Verschwörungstheorien
Serie Piper 3389

SERIE PIPER

Katja Doubek

Lexikon merkwürdiger Todesarten

Seltsame Spielarten und Formen des Exitus von Amoklauf bis Zyankali. 334 Seiten. Serie Piper

Was passiert, wenn man mit einem Revolver telefoniert? Ist Golfspielen wirklich lebensgefährlich? Mit welchen Mordwerkzeugen operierte die Inquisition? In diesem eigenwilligen Lexikon erfährt der Leser Verblüffendes über denkbar bizarre Todesarten. Katja Doubek erzählt von Schiffsunglücken, Schierlingsbechern, Schlaftabletten und Amokläufern, vom Tod durch Elefantentritte, Meuchelmörder und Zeppelinabstürze. Ein skurriles, schauerliches, bisweilen aber auch sehr amüsantes Panoptikum.

»Ein Buch, vor dem Einschlafen zu lesen, das zeigt, zu welch makabren Scherzen der Tod oft aufgelegt ist und wie komisch und brutal er zuschlägt – Trost durch Trostlosigkeit.«
Hellmuth Karasek, Der Tagesspiegel

Matthew Richardson

Das populäre Lexikon der ersten Male

Erfindungen, Entdeckungen und Geistesblitze von Abakus bis Zifferblatt. Aus dem Englischen von Susanne Warmuth. 533 Seiten. Serie Piper

Sie dachten, Columbus hätte Amerika entdeckt und Edison die erste Glühbirne zum Leuchten gebracht? Alles falsch, sagt Matthew Richardson und stellt einiges richtig über die Erfindungen und Geistesblitze der Menschheit. In seinem bunten Kompendium erfahren Sie, wann die ersten Schönheitswettbewerbe stattfanden und wem wir Seife, Klebstoff und Tinte zu verdanken haben.

»Richardsons Lexikon ist ›Edutainment‹ erster Güte. Es fordert unterhaltsam und spannend Respekt für die Leistungen und den Erfindungsgeist aller Kulturen dieser Welt.«
Rheinischer Merkur

SERIE PIPER

Dirk Maxeiner
Michael Miersch

Lexikon der Öko-Irrtümer

Fakten statt Umweltmythen.
494 Seiten. Serie Piper

»Das Klima kippt.« – »Der Wald stirbt.« – »Die Rohstoffe werden immer knapper.« Täglich werden wir mit solchen Schreckensmeldungen konfrontiert. Häufig steckt dahinter jedoch ein Gemisch aus widersprüchlichen oder fragwürdigen Zahlen, aus Annahmen, Schätzungen und unzulässigen Verallgemeinerungen. Die renommierten Journalisten Dirk Maxeiner und Michael Miersch untersuchen rund hundertfünfzig Vorurteile, hinterfragen sie kritisch und lassen kompetente Wissenschaftler zu Wort kommen. Sie plädieren für einen Neuanfang in der Umweltpolitik und empfehlen, die erstarrten Weltbilder durch fröhliche Aufklärung und konstruktive Veränderung zu ersetzen. Sie bringen fundierte Fakten und Zahlen auf den Tisch, die ein erheblich differenzierteres Bild über den Zustand unseres Planeten ermöglichen.

Werner Fuld

Das Lexikon der Fälschungen

Lügen und Intrigen in Kunst, Geschichte und Literatur.
352 Seiten. Serie Piper

Fälschung ist, wenn man erwischt wird. Und weil das selten geschieht, ist die Welt voller Fälschungen: Rolex-Uhren, Stradivaris, Münzen, Briefmarken, Hitlers Tagebücher und Shakespeares Manuskripte, Gemälde von Picasso und Skulpturen von Rodin. Werner Fuld präsentiert Lügen und Intrigen in Kunst, Wissenschaft, Geschichte und Literatur, er schildert unterhaltsam und kenntnisreich Hintergründe und Anekdoten, Ungeheures und Unglaubliches über Fälscher, Gefälschtes und ihre Opfer.

»Der Leser staunt und amüsiert sich köstlich – auch darüber, daß einige Fälschungen fast noch origineller wirken als manche Originale. Zumal Werner Fuld ausgesprochen originell, unterhaltsam und kenntnisreich in die Welt der Fälschungen, Plagiate und Erfindungen entführt.«
Deutsche Welle

SERIE PIPER

Walter Gerlach

Das neue Lexikon des Aberglaubens
285 Seiten mit zahlreichen Abbildungen. Serie Piper

In unserer modernen technisierten Welt spielt der Aberglaube noch immer eine größere Rolle, als wir uns eingestehen wollen. Viele Menschen glauben an das Walten undurchschaubarer Mächte und suchen im Alltag nach Hinweisen und Zeichen für Glück oder Unglück. Unterhaltsam und kenntnisreich erklärt Walter Gerlach in seinem »Neuen Lexikon des Aberglaubens« den Ursprung, die Geschichte und die Funktion von Symbolen des Guten und des Bösen. Wir erfahren alles Wissenswerte über die Zauberkraft von Alraune, Bilsenkraut und Fingerhut, über Geister, Hexen und Heinzelmännchen, warum wir dreimal auf Holz klopfen, anderen Menschen den Daumen drücken und nicht etwa den Zeigefinger und warum Hufeisen, Schweine und Schornsteinfeger Glück bringen.

Charles Panati

Populäres Lexikon religiöser Bräuche und Gegenstände
Von Altar bis Yin und Yang. Deutsche Fassung von Reinhard Kaiser. 637 Seiten mit zahlreichen Abbildungen. Serie Piper

Warum falten Menschen beim Beten die Hände? Was war die Funktion der ersten Altäre? Weshalb gibt es neun Klassen von Engeln? Wer schrieb die Bibel, den Talmud und den Koran? Dieses erhellende, kenntnisreiche und unterhaltsame Lexikon präsentiert das gesamte Spektrum religiöser Themen und Ideen. Charles Panati erläutert, wie sich die fünf großen Religionen – Judentum, Christentum, Islam, Buddhismus und Hinduismus – entwickelten, und untersucht den Ursprung religiöser Rituale und Bräuche, die Gründe von Feiertagen und Symbolen, die Bedeutung von Kleidern, Sakramenten und Gebeten. Eine unerschöpfliche Quelle für alle, die an der Geschichte der Religionen interessiert sind, und ein inspirierender Leitfaden für die Menschen, die ihren eigenen Glauben besser verstehen wollen.

Robert Levine
Eine Landkarte der Zeit
Wie Kulturen mit Zeit umgehen.
Aus dem Amerikanischen von
Christa Broermann und Karin
Schuler. 320 Seiten. Serie Piper

Können Sie sich vorstellen, ohne Uhr zu leben? Können Sie auf Pünktlichkeit bei sich und anderen verzichten? Können Sie ruhig und gelassen im Stau stehen, wenn ein wichtiger Termin ansteht? Der Wissenschaftler Robert Levine hat das Verhältnis des Menschen zur Zeit in 31 verschiedenen Ländern untersucht, um die Unterschiede im Lebenstempo zu ermitteln. Dabei wird deutlich, daß das Zeitgefühl eines Kulturkreises tiefe Konsequenzen für das körperliche, seelische und soziale Wohlbefinden seiner Menschen hat. Levine beschreibt die »Uhr-Zeit« im Gegensatz zur »Natur-Zeit« – dem natürlichen Rhythmus von Sonne und Jahreszeiten – und zur »Ereignis-Zeit« – der Strukturierung der Zeit nach Ereignissen. Robert Levine glückte ein eindrucksvolles Porträt der Zeit, das dazu anregt, unser tägliches Leben aus einer anderen Perspektive zu betrachten und neu zu überdenken.

Walter Krämer
So lügt man mit Statistik
206 Seiten. Serie Piper

Jeder weiß es: Mit Zahlen wird manipuliert, geschummelt, betrogen. Abteilungsleiter frisieren ihre Quartalsbilanz, und die Bundesregierung rechnete unser Land so schön, daß der Euro eingeführt werden kann. Walter Krämer hat unter die Lupe genommen, was da nicht stimmt. Er stellt dubiose Praktiken bei der graphischen Aufbereitung von Daten bloß, entlarvt die Illusion der Präzision in der Statistik, führt vorsortierte Stichproben, naive Trends und gefälschte Tests vor, deckt synthetische Superlative und manipulierte Mittelwerte auf, sieht statistischen Falschmünzern bei Basismanipulationen zu. Vorkenntnisse sind für die Lektüre nicht erforderlich: Die vier Grundrechenarten und eine gewisse Skepsis gegenüber Datenhändlern aller Art genügen. Ein brillantes, unterhaltsames und aufklärerisches Buch – sachkundig und hilfreich für alle, die mit Statistik zu tun haben, sei es beruflich oder privat.

SERIE PIPER

Walter Krämer, Götz Trenkler

Lexikon der populären Irrtümer

500 kapitale Mißverständnisse, Vorurteile und Denkfehler von Abendrot bis Zeppelin.
411 Seiten. Serie Piper

Vorurteile und Irrtümer bestimmen unseren Blick auf die Welt im großen und ganzen, aber auch im kleinen und im besonderen. Die Autoren, renommierte Professoren, zeigen wissenschaftlich belegt und statistisch untermauert, von wie vielen und von welchen Irrtümern wir umgeben sind und wie es sich daneben mit der Wahrheit verhält.

Daß Spinat nicht gesünder ist als sonstige Gemüsesorten, Hamburg mehr Brücken als Venedig hat und Nero nicht grausamer war als andere römische Despoten, hat sich allenthalben herumgesprochen, doch immer noch kursieren Hunderte von weiteren Irrtümern und Mißverständnissen im sogenannten Allgemeinwissen.

Walter Krämer, Götz Trenkler, Denis Krämer

Das neue Lexikon der populären Irrtümer

Weitere Vorurteile, Mißverständnisse und Denkfehler von Advent bis Zyniker. 387 Seiten. Serie Piper

Irren ist menschlich, und weil es bekanntlich jede Menge Möglichkeiten gibt, sich zu irren, haben Walter Krämer und seine Co-Autoren nach ihrem ersten Riesenbestseller nun im »Neuen Lexikon der populären Irrtümer« weitere Vorurteile, Mißverständnisse und Denkfehler aufgespürt. Hätten Sie gewußt, daß nicht erst in der Neuzeit, sondern schon bei den alten Römern mit Beton gebaut wurde? Oder daß bei einer Blinddarmoperation gar nicht der Blinddarm entfernt wird? Haben auch Sie bisher gedacht, die »Blaue Mauritius« sei die wertvollste Briefmarke der Welt? Dieses vergnügliche Lexikon klärt Sie auf über Lügen und Legenden zu Attila und Aschenputtel, Nationalhymne und Nasenbluten, Schweinefleisch und Schwarzarbeitern, zu Waldsterben und Weihnachtsbäumen.

Klaus Waller
Lexikon der klassischen Irrtümer
Wo Einstein, die katholische Kirche und andere total danebenlagen. 293 Seiten. Serie Piper

Daß die Erde keine Scheibe ist und die Titanic keinesfalls unsinkbar war, daß Adlige kein blaues Blut und Männer ebenso viele Rippen haben wie Frauen – all das sind, wie wir jetzt wissen, Irrtümer und Fehleinschätzungen. Allerdings sind bis heute nicht einmal Fachleute davor gefeit, ziemlich falsche Dinge zu behaupten. So versicherte beispielsweise ein Computerfachmann im Jahr 1977: »Es gibt überhaupt keinen Grund, warum irgend jemand einen Computer bei sich zu Hause haben will.« Und ein Plattenproduzent lehnte das Angebot, Schallplatten mit den Beatles zu machen, seinerzeit mit der denkwürdigen Begründung ab, daß Gitarrengruppen ohnehin nicht gefragt seien ... Klaus Waller hat in seinem unterhaltsamen Lexikon berühmte Irrtümer der Menschheitsgeschichte zusammengetragen.

Robert Anton Wilson mit Miriam Joan Hill
Das Lexikon der Verschwörungstheorien
Verschwörungen, Intrigen, Geheimbünde. Aus dem Amerikanischen von Gerhard Seyfried. Herausgegeben und bearbeitet von Mathias Bröckers. 427 Seiten. Serie Piper

Warum mußte John F. Kennedy sterben? Was hat es mit der geheimnisvollen Zahl 23 auf sich? Wollten Sie nicht schon immer wissen, wer eigentlich die Illuminaten und die Rosenkreuzer sind? Nicht erst seit der Serie »Akte X« und dem Film »23« haben Verschwörungstheorien Hochkonjunktur – schon immer haben Mythen von dunklen Mächten, die die Welt regieren, die Menschheit bewegt. Robert Anton Wilson, Kultautor der Romantrilogie »Illuminatus«, hat hier verblüffende Informationen über die wichtigsten Verschwörungen, Intrigen und Geheimbünde versammelt. Sein Kompendium eröffnet einen faszinierenden Blick auf unheimliche Zusammenhänge und regt durch die umfangreichen Querverweise, Literaturtips und Internetadressen zum Weiterstöbern an.

SERIE PIPER

Molto presto durch die klassische Musik

Eckardt van den Hoogen
ABC der klassischen Musik
Die großen Komponisten
und ihre Werke
Mit 2 CDs
280 Seiten · geb. mit SU
€ 19,90 (D) · sFr 36,–
ISBN 3-8218-3961-9

Was ist ein Singspiel? Wer war noch gleich Mendelssohn
Bartholdy? Und von wem lernte der kleine Mozart das Geigen-
spielen? Ob kurz vor dem Konzert oder spät nach der Oper –
unterhaltsam und anschaulich, kurz und spritzig stellt Eckardt
van den Hoogen Biographisches, Anekdotisches und alles
Wesentliche der wichtigsten Komponisten vor.
Musikalische Fachbegriffe werden verständlich erläutert und
durch Notenbeispiele anschaulich gemacht. Zwei CDs bieten
interessante Hörbeispiele und lassen das Lexikon zu einer musi-
kalischen Reise durch die Jahrhunderte werden.

Kaiserstraße 66
60329 Frankfurt
Telefon: 069/25 60 03-0
Fax: 069/25 60 03-30
www.eichborn.de
Wir schicken Ihnen gern ein Verlagsverzeichnis.